# Natascha Kampusch
## Cyberneider

# NATASCHA KAMPUSCH

mit Niki Uzelac

# CYBERNEIDER

## Diskriminierung im Internet

**Dachbuch**
Verlag

# Dachbuch Verlag

1. Auflage: Oktober 2019
Veröffentlicht von Dachbuch Verlag GmbH, Wien

ISBN 978-3-903263-12-3

Autorin: Natascha Kampusch

Lektorat: Nikolai Uzelac
Korrektorat: Teresa Preis, Teresa Emich
Satz: Daniel Uzelac
Umschlaggestaltung: ZERO Werbeagentur, München
Umschlagfoto: Holde Schneider
Druck und Bindearbeiten: Rotografika, Subotica
Printed in Serbia

Besuchen Sie uns im Internet
www.dachbuch.at

Besuchen Sie Natascha Kampusch im Internet
www.kampusch.com

# 10 INTERNET-GEBOTE

*Dein Verhalten kann anderen ein Vorbild sein.*

*Denke erst, bevor du schreibst und postest.*

*Sei zu anderen so, wie du willst, dass man zu dir ist.*

*Sei sparsam mit privater Information.*

*Verbreite Inhalte nur, wenn alle Beteiligten
damit einverstanden sind.*

*Kontrolliere Inhalte stets auf ihren Wahrheitsgehalt.*

*Konstruktive Kritik hilft, negative Kritik schadet.*

*Zeige Zivilcourage, wenn andere gemobbt werden.*

*Mach deinem Gegenüber doch mal eine Freude.*

*Es gibt keine Rechtfertigung für Diskriminierung. Niemals!*

#cyberunity

# INHALT

VORWORT   9


GEDANKEN, BEOBACHTUNGEN,
ERFAHRUNGEN   13
*Cyberneid*   *13*
*Der Fall Kampusch*   *20*
*Hass im Netz*   *25*


NEUE MEDIEN   39
*Ein Überblick*   *39*
*Influencer*   *55*
*Werbung*   *79*
*Sexismus*   *90*
*Liebe und Gewalt*   *98*
*Rassismus*   *112*
*Gaming*   *120*
*Politik und Medien*   *125*

RECHT, POLITIK, WIRTSCHAFT,
ZIVILCOURAGE 147
*Ein Überblick 147*
*Lauter oder stiller Protest? 149*
*Rechtslage 164*
*Maßnahmen der sozialen Medien 171*
*Fazit und Lösungsvorschläge 177*


SCHLUSSWORT 181


LINKS 183


DANK 191

# VORWORT

»Cyberneider« soll weder Anklage noch Rechtfertigung sein, sondern ist in dem Bewusstsein entstanden, meinen Blick auf die Online-Kommunikation
im einundzwanzigsten Jahrhundert zu schildern. Die
Lektüre beruht auf meinen persönlichen Ansichten
und Erfahrungen als aufmerksame Beobachterin sowie aus der Sicht einer Frau, aber auch aus der eines
Kindes oder Jugendlichen und vor allem aus der Sicht
eines Internet-Users. Es ging mir darum, das Thema
»Diskriminierung im Internet« greifbar und für jeden
zugänglich zu machen. Da ich selbst schon mehrmals
ins Visier von Cyberattacken geraten bin, maße ich
mir durchaus an, etwas zur aktuellen Debatte beitra-
gen zu können.

Das Internet hat die Art und Weise unserer Kommunikation in den letzten zwanzig Jahren stark verändert. Sie ist schneller, direkter und umfangreicher
geworden, wodurch uns vielleicht nicht immer gleich
auffällt, wenn wir jemanden beleidigen oder diskriminieren. Überhaupt: Wo fängt Diskriminierung an

und wo hört sie auf? Aus einer klaren Linie wurde mit der Zeit eine Grauzone, die vor allem rechtlich kaum noch zu durchschauen ist. Laut Bundesministerium für Digitalisierung und Wirtschaftsstandort handelt es sich bei Hasspostings um »aggressive, provozierende Postings im Internet. Oft erfüllen sie einen rechtlichen Straftatbestand und sind somit gerichtlich strafbar. Es macht rechtlich keinen Unterschied, ob ein Delikt in der realen Welt oder im Internet, z.B. in einem Online-Forum, begangen wird«[1]. Immerhin etwas, woran man sich orientieren kann.

Obwohl es nach österreichischem Recht also keinen Unterschied macht, ob Beleidigungen offline oder online ausgesprochen werden, kommt es mir vor, als würde dies im Internet ungleich häufiger geschehen. Da Hasspostings mittlerweile zum Alltag gehören und immer aggressivere Ausmaße annehmen, sinkt langsam die Hemmschwelle der Menschen auch abseits des WWW. Dem müssen wir unbedingt entgegensteuern, da Diskriminierung und Mobbing einfach keinen Platz in unserer Gesellschaft haben dürfen – nicht im Internet und auch sonst nirgendwo. Im Zuge meiner Recherchen stieß ich einmal auf das Wort »Cyberneider« und ich finde, dass dieser

[1] www.oesterreich.gv.at/themen/bildung_und_neue_medien/internet_und_handy___sicher_durch_die_digitale_welt/3/3.html

Ausdruck für die Verfasser von Hasspostings sprichwörtlich wie die Faust aufs Auge passt. Und so wurde aus einem erheiternden Working Title schließlich der Titel dieses Buches.

Ich sehe mich als jemand, der dem Leben offen gegenübersteht und sich für vieles begeistert. Doch anhand mancher Aussagen oder Kommentare merke ich, wie ungerecht die Welt sein kann und wie profilierungssüchtig manche Menschen sind. Dieses Buch zu schreiben, war in vielen Punkten eine Herausforderung. Zum einen, weil ich aufgrund meiner Lebensgeschichte vieles von dem, was andere nur vom Hörensagen kennen, am eigenen Leib verspürt habe und das kam natürlich das ein oder andere Mal mit voller Wucht wieder hoch. Da ich als junges Mädchen und auch als Erwachsene mit dem Thema Selbstbestimmtheit geradezu konfrontiert wurde, habe ich auch so einiges über das Prinzip an sich gelernt. Ich habe lernen müssen, wie wichtig das Wort Emanzipation für das Individuum ist. Meiner Auffassung nach hat jeder, ausnahmslos jeder, unabhängig von Geschlecht, Ethnie oder Religion, das Recht auf ein glückliches und freibestimmtes Leben.

Ich musste früh schreckliches Unrecht erfahren, wurde von meiner Familie getrennt und war jahrelang der Willkür eines einzigen Menschen ausgesetzt. Es braucht Mut, um die Ketten zu sprengen und die Knebel abzuwerfen, die vor allem uns Frauen seit Anbeginn der Zeit mundtot machen sollen. Wir stehen an der Schwelle zu einem neuen Jahrzehnt und es wird immer deutlicher, dass ein Umdenken im Umgang miteinander stattfinden muss. Vielleicht trägt dieses Buch ja dazu bei, ein klein wenig Frieden unter den Menschen zu stiften...

# GEDANKEN, BEOBACHTUNGEN, ERFAHRUNGEN

## Cyberneid

Das Internet prägt den Menschen wie keine Erfindung jemals zuvor. Dieser völlig neue, künstliche Raum zieht uns Tag für Tag mit mirakulösen Reizen in seinen Bann. Es ist ein Ort, an dem wir arbeiten und uns zerstreuen, Handel und Politik betreiben, Beziehungen knüpfen und Freundschaften pflegen. Eine elektronische Erweiterung der »analogen« Welt, (noch) getrennt durch die Technik. Innerhalb von nur wenigen Jahrzehnten ist das Internet zur wohl größten Stütze unserer globalen Gesellschaft geworden, ohne die ein Leben, wie wir es heute kennen, nicht mehr vorstellbar wäre. Innerhalb von Sekundenbruchteilen schießt Information um Information rund um den Erdball. Wir sind online, immer erreichbar, unser Gehirn arbeitet nonstop auf Hochtouren. Doch ist der Akku einmal leer, dann war es das.

Ich vergleiche das digitale Zeitalter gerne mit der Epoche der Romantik. Auch damals, vor zweihundert

Jahren, zog man sich geistig zurück und flüchtete in eine Welt des vermeintlich Schönen und Guten. So gesehen ist auch das Internet ein willkommener Rückzugsort für uns geworden, ein immaterieller Kontinent mit schier unbegrenzten Möglichkeiten. Ein virtueller Raum, wo wir wachsen und reifen, Spaß haben, Erfolge feiern und Begierden stillen. Wo wir einfach wir selbst sein können. Wo überholte gesellschaftliche Rollenbilder aufgebrochen werden und wo sich Gleichgesinnte treffen, sei es in Bezug auf Religion, Geschlecht, Kunst, Mode, Ernährung, Medien, Arbeit oder Alltag.

Doch wo Licht fällt, gibt es bekanntlich auch Schatten. Diskriminierung, Missgunst und Hass stellen das Internet (und seinen Umgang damit) vor enorme Probleme. Die Kommunikation im Netz hat zum Teil erschütternde Ausmaße angenommen, was leider immer mehr Akzeptanz in der Bevölkerung zu finden scheint. Private wie öffentliche Personen werden durch Mobbing und Terror massiv geschädigt, was in Extremfällen sogar zum Tod führen kann. Wenn wir das soziale Miteinander wirklich verbessern wollen, sollten wir uns mit gesundem Respekt begegnen, anstatt uns in Feindseligkeiten, Populismus und Burnouts treiben zu lassen.

Diese Herausforderungen können wir allerdings nur gemeinsam meistern – das gilt für uns alle: Beamte, Politiker, Journalisten, Unternehmer, Angestellte,

Arbeiter und jeden anderen. Trotz all dem Neid und all der Aggression auf dieser Welt bin ich der Überzeugung, dass wir uns auf dem richtigen Weg befinden. Denn gleichzeitig sehe ich so viel Positives, ich sehe Leben, Liebe und Verbundenheit. Und das Wichtigste: Wir bewegen uns aufeinander zu – langsam, aber stetig. Allein, dass wir uns ernsthaft Gedanken machen, und nach Wegen gegen Mobbing und Diskriminierung suchen, zeigt, dass ein Großteil von uns mit der aktuellen Situation unzufrieden ist.

Wenn wir in die Welt der Cyberneider, Hassposter und Online-Kritiker eintauchen, begegnen uns unzählige Schlagwörter, die in diesem Diskurs umhergeistern. Diffamierung, Schikane, Terror, Hass, Sexismus und Rassismus sind nur einige davon. Um für die vorliegende Lektüre ein einheitliches Verständnis des Begriffs »diskriminieren« zu schaffen, will ich mich an der Definition von Duden orientieren:

*»Durch (unzutreffende) Äußerungen, Behauptungen in der Öffentlichkeit jemandes Ansehen, Ruf schaden; jemanden, etwas herabwürdigen«* beziehungsweise *»(durch unterschiedliche Behandlung) benachteiligen, zurücksetzen; (durch Nähren von Vorurteilen) verächtlich machen«.*[2]

2  www.duden.de/rechtschreibung/diskriminieren

Hieran erkennt man deutlich, dass hinter dem Akt der Diskriminierung meistens die Absicht der Verleumdung steckt. Ziel ist es, sein Gegenüber zu erniedrigen, um sich selbst zu erhöhen.

Die Gründe für Diskriminierung sind komplex und ihre Formen vielfältig. Mal ist es die gezielte Diffamierung einer Person, die private oder wirtschaftliche Schäden anrichten soll. Vielleicht ist es aber nur ein Kompensieren oder Ablenken von den eigenen Schwächen. Es kann natürlich auch ein aufgestauter Hass tief im Inneren sein, der sich urplötzlich als unbändige Wut entlädt. Und dann gibt es wiederum jene Fälle, in denen bloß aus Jux, Langeweile oder Dummheit gemobbt wird. Ein böses Spiel aus Kräften und Dynamiken, dem man meiner Meinung nach nur mit Vernunft, Mut und Aufklärung entgegenwirken kann.

Im Zuge des Internet-Hypes, den wir gerade erleben, dürfen wir nicht vergessen, dass Hass und Diskriminierung keine Online-Phänomene sind, sondern ihren Weg aus der realen Welt ins Netz finden. Das war schon ganz am Anfang in den ersten Chats und Foren so, nur dachte damals noch niemand daran, seinen Fokus darauf zu richten. Der Stellenwert der Online-Kommunikation ist heute ein ganz anderer. Ich dachte lange Zeit, dass die Anonymität im Internet ein Hauptbeweggrund dafür sei, Drohnachrichten und Hasspostings zu verfassen. Doch nun, in Zeiten der Transparenz von Google, Facebook und Co., bin ich mir da nicht mehr so sicher. Vielleicht liegt es ja an der räumlichen Distanz, am »sich nicht Gegenübersitzen«, an der Immaterialität und somit an einer gewissen Unwirklichkeit? Man ist allein, gerät in Rage, flucht, wettert und zieht sich zurück, sei es aus Bequemlichkeit oder aus Angst vor der direkten Konfrontation mit seinem Gegenpart.

Häufig findet Diskriminierung durch Beschimpfungen, Beleidigungen, Drohungen oder Verleumdungen statt. Aussagen wie »Stirb endlich!« oder »Ich werde dir auflauern« sollen Angst erzeugen und das tun sie auch, egal wie absurd sie sein mögen. Als Hassposter oder »Kritiker«, wie ich zu sagen pflege, setzt man andere unter Druck, man will schockieren. Die Dynamik dahinter ist simpel: Eine Person rückt ins öffentliche Leben, der Täter wird auf sie aufmerksam und in Folge aktiv, indem er ihr zum Beispiel eine Drohung per E-Mail zukommen lässt. Für ihn ist die Sache damit erledigt, für den Beleidigten beginnt der Stress jedoch erst, und damit die Angst davor, weitere Mails oder ganze Shitstorms zu ernten. Und wer weiß, vielleicht lauert einem ja doch irgendwo jemand auf? Hass wird also gezielt eingesetzt, um Ängste zu schüren. Dabei sollen die Opfer nicht selten dazu gebracht werden, bestimmte Absichten zu unterbinden. Gerade karitative und gemeinnützige Projekte sind da leicht angreifbare Ziele.

Aber was geht in jemandem vor, der ein Hassposting verfasst oder einen digitalen Drohbrief verschickt? Ich glaube ja, dass es sich in den meisten Fällen um Affektreaktionen handelt. Man liest einen Artikel, der irgendeine Wunde aufreißt, etwas Unverarbeitetes in der Psyche, und dann wird man aktiv. Manchmal herrscht aber schon ein brodelnder Hass auf eine bestimmte Person oder Gruppe vor. Man denkt sich: Na, wer passt mir denn heute nicht? Ach ja, die stand erst vor kurzem in der Zeitung, die konnte ich noch nie leiden. Dann schau ich mal, wo die im Internet vertreten ist und wie ich sie am schmerzlichsten treffen kann. Ja, so mache ich das! Die Person fühlt sich zunächst einmal gut, da sie denkt, sie hätte tatsächlich jemanden persönlich getroffen. In meinem Fall führt das meist ins Leere, da ich sowas nicht ernst nehme und auch gar nicht lese, weil meine Fanpost aus genau diesem Grund vorselektiert wird. Tja, und wenn keine Reaktion folgt, wird nachgelegt. Diesmal etwas fieser und sollte dann immer noch nichts zurückkommen, steigt im Kritiker Frust auf und eine innere Leere macht sich breit, sodass er wie ein Drogensüchtiger weiter- und weitermachen muss, um seinen Trieb zu besänftigen. Ein solches Verhalten führt dazu, dass diese Leute irgendwann keine Grenzen mehr kennen und jegliches Gefühl fürs Zwischenmenschliche verlieren. Sie gleiten immer tiefer ins Bodenlose, bis hin zum Realitätsverlust, verwirren zusehends und geraten so in einen Circulus vitiosus. Das ist natürlich der Ausnahmefall. Aber was mit einer kleinen Stichelei anfängt, kann durchaus übel ausarten.

Trotz seiner Plastizität und der unendlichen Möglichkeiten des Partizipierens ist das Internet eigentlich aalglatt. Man bekommt Personen vorgesetzt, deren Status man nie erreichen wird, man bekommt Produkte präsentiert, die man sich nie leisten wird können. Es ist einfach unmöglich, ein Teil der Inszenierung zu werden. Egal wie, die Latte wird immer zu hoch liegen. Trotzdem werden uns derartige Bilder Tag für Tag vermittelt, mal gezielt, mal zufällig, was zu Neid führen kann. Und der ist, wie wir wissen, ein optimaler Nährboden für Hass und Missgunst. Ich persönlich finde ja diese Ambivalenz sehr spannend, dass Mobber mit ihren Attributen gleichzeitig Opfer und Täter sein können. Nicht selten verschwimmen hier die Grenzen zwischen »Gut« und »Böse«. Viele von uns leben emotional, aber auch existenziell am Limit und das über Jahre hinweg. Durch Sorgen und Ängste kommt es zu Spannungen in der Gesellschaft, die die Wogen leicht hochgehen lassen. Wir fühlen uns zerrissen, sind mit all der Schnelllebigkeit überfordert und das Wenige an Freizeit reicht einfach nicht aus, um wirklich abschalten zu können. Doch wie überall im Leben, so ist es auch im Internet ratsam, einen kühlen Kopf zu bewahren – selbst wenn es einem schwerfällt. Warum nicht mal einen Gang zurückschalten? Konfrontation ist zwar wichtig, aber nur bedingt notwendig.

Das digitale Zeitalter steckt noch in seinen Kinderschuhen und ich denke, dass wir erst am Beginn stehen, was den gemeinsamen Umgang im World Wide Web betrifft. Aller Anfang ist schwer. Tagtäglich tun sich neue, wilde und unberechenbare Dynamiken des sozialen Miteinanders auf, die es erst zu erforschen gilt. Es liegt wie gesagt allein an uns, einen positiven Weg für die Zukunft einzuschlagen, wobei wir die Schlüssel dazu bereits in Händen halten.

## Der Fall Kampusch

Man hat mich schon habgierig, mediengeil, verlogen oder fresssüchtig geschimpft. Ich kann mir allerdings nicht vorstellen, dass jemand, der eines meiner Interviews sieht oder liest, ein solches Bild von mir bekommt. Nein, mein öffentliches Image wurde zum Großteil von anderen geprägt. Es ist ja vollkommen in Ordnung, wenn man meint, ich sei einem unsympathisch, nur persönlich beleidigen braucht man mich nicht. Am liebsten ist mir natürlich inhaltliche Kritik, wie ich sie zum Beispiel auf Twitter erhalte, denn dazu kann ich konstruktives Feedback geben. Überhaupt möchte ich an dieser Stelle festhalten, dass die diskriminierenden Kommentare mir gegenüber in Foren, sozialen Netzwerken oder Nachrichtenportalen ja nur einen kleinen Teil aller Postings ausmachen. Ich erhalte großen Rückhalt durch so viele Menschen, die es gut mit mir meinen, sodass mich die paar wenigen Grantler[3] nicht aus der Bahn werfen können. Was soll ich sagen? Mit der Zeit ist man eben an so einiges gewöhnt.

In einem Artikel der Tageszeitung Der Standard las ich einst, dass »Kampusch eines der ersten prominenten Opfer von Online-Mobs war.«[4] Tatsächlich ist es so, dass Cybermobbing zur Zeit meiner Selbstbefreiung im Jahr 2006 medial zum Thema wurde. Foren, Chats und Messenger-Dienste waren bereits etabliert, Facebook und YouTube gerade im Kommen. Durch meine aufsehenerregende Flucht aus dem Kellerverlies war der Medienrummel um meine Person entsprechend groß und bald wusste die ganze

---

3  Wienerisch für »Griesgram«
4  derstandard.at/2000075294853/Geh-zurueck-in-den-Keller-Kampusch-und-der-Hass-im

Welt über mich Bescheid. Es gab horrende Angebote für Exklusiv-Interviews, es gab Bestechungsversuche von Journalisten, um mir näher zu kommen, es wurden unglaubliche Summen für ein erstes Foto von mir geboten – die Liste ist lang. Man wollte unbedingt diese Natascha Kampusch sehen, koste es, was es wolle!

Ein paar Wochen nach meiner Flucht wurde der Druck schließlich unerträglich. Noch nie war ein Fall wie meiner dagewesen und jeder wollte darüber berichten. Es wurden Polizeistellen umringt, es wurde das Krankenhaus belagert, überall waren Journalisten und irgendwann habe ich dann für mich beschlossen, den Schritt in die Öffentlichkeit zu wagen. Ich hatte das Gefühl, selbst berichten zu müssen, wie sich die Dinge zugetragen hatten. Die Polizei ermittelte bereits und ich wollte nicht, dass die Medien noch wilder herumspekulierten, als sie es sowieso schon taten. Heute bin ich mir sicher, es wäre alles noch viel schlimmer gekommen, hätte ich mich nicht selbst in die Berichterstattung eingebracht.

Nach meinem ersten Interview hatte ich unzählige Zuschriften von Menschen erhalten, die Anteil an meinem Schicksal nahmen und sich mit mir solidarisieren wollten. Jeder hatte seine Gründe, mir zu schreiben und viele der Briefe berührten mich zutiefst. Ich war überwältigt von dem Zuspruch und von den Geschichten aus aller Welt. Ich konnte mich in die Erlebnisse der Absender hineinversetzen und mir wiederum war, als hätte ich mich zum ersten Mal im Leben wirklich verstanden gefühlt. Deshalb war das Bedürfnis auch von Anfang an so groß, anderen zu helfen, sodass ich beschloss, meine Bekanntheit fortan zu nutzen, um Gutes zu tun. Das fühlte sich beinahe wie eine Verpflichtung an.

Auf der anderen Seite gab es schon damals Leute, die mir eine gewisse Missgunst entgegenbrachten. Ich hatte nie vor, »Everybody's Darling« zu sein, das liegt mir nicht. Warum ich aber in der Öffentlichkeit zum Teil auf so heftige Antipathie gestoßen bin, darüber rätsle ich bis heute. Ich kann nur mutmaßen: Möglicherweise wurde im Fall Kampusch einfach zu lange ermittelt. Es gab laufend Ausschüsse und Verfahren, worüber in den Medien groß berichtet wurde. Sogar das FBI schaltete sich ein. Am Schluss kam man dann zu dem Ergebnis, dass sich alles so zugetragen hat, wie ich es von Anfang an geschildert hatte: Es war mir gelungen, mich nach acht Jahren Gefangenschaft selbst zu befreien, woraufhin der Täter sich das Leben nahm. So einfach ist das. Was hatte man sich auch anderes erwartet?

Natürlich kosteten all die Untersuchungen und Ermittlungen die österreichischen Steuerzahler Geld, was dem einen oder anderen meiner Kritiker wohl bitter aufstieß. Hinzu kam, dass öffentlich hitzig darüber spekuliert wurde, mit welcher Summe mich der Staat denn finanziell unterstützt hätte. Dabei verirrte sich nicht ein Groschen des Staatsbudgets auf mein Konto! Das einzige, bei dem man mir unter die Arme gegriffen hatte, war der Schulabschluss. Dafür wurden mir vom Staat Lehrkräfte zur Vorbereitung auf meine Prüfungen zur Seite gestellt. Das war alles. Das Haus, in dem ich jahrelang gegen meinen Willen festgehalten wurde, war mein rechtmäßiges Erbe und kein Geschenk der Republik. Doch manch einer ist da bis heute anderer Meinung. Und das, obwohl es überhaupt keine Fakten oder Belege gibt, die ihre teils abstrusen Behauptungen untermauern könnten.

Darüber hinaus wurde ich zum Spielball so einiger Politiker, Journalisten und Beamten auserkoren. Das hängt mir noch immer nach und das permanente Misstrauen, von anderen instrumentalisiert zu werden, ist zu einem ständigen Begleiter geworden. Mit mir wurde umgesprungen, wie man wollte. Das war extrem entwürdigend, doch aus Angst, zu einer noch größeren Zielscheibe für meine Feinde zu werden, ließ ich es über mich ergehen. Unerträglich wurde es jedoch, als absurde Verschwörungstheorien die Runde machten, wonach ich alle bloß an der Nase herumführen würde und mit dem Täter die ganze Zeit über unter einer Decke gesteckt hätte. Auch wurde man nicht müde, ständig die sexuelle Komponente hinter meinem Fall zu betonen und so entschied ich nach einigen Jahren, mich zurückzuziehen und die Öffentlichkeit (so gut es ging) zu meiden.

Mit dem Erscheinen meines zweiten Buches 2016 schlug die Stimmung allmählich um. Zehn Jahre waren seit meiner Selbstbefreiung vergangen und ich war vom dürren, schüchternen Mädchen zu einer selbstbewussten Frau gereift. Vieles hatte sich verändert: Die Kinder und Jugendlichen gehörten einer neuen Generation an, neue Medien und neue Journalisten hatten sich etabliert und auch der Trubel um meine Person hatte merklich nachgelassen. Heute bin ich froh, sagen zu können, dass ich ein relativ entspanntes Verhältnis zu den Medien pflege, sowohl in Österreich als auch im Ausland.

## Hass im Netz

Da ich selbst schon häufig ins Visier von Cybermobbern geraten bin, will ich hier als Betroffene meine Beobachtungen und Erfahrungen wiedergeben. Das macht mich zwar zu keiner Expertin auf diesem Gebiet, dennoch werde ich regelmäßig darauf angesprochen, beruflich wie privat. Da macht man sich natürlich Gedanken, wie es anderen geht, die sich in einer ähnlichen Situation befinden: die pubertäre Tochter der Freundin, die Influencerin auf Instagram oder der Journalist vom Interview. Wer weiß? Vielleicht wurden auch sie schon im Internet beleidigt, nur sagen sie es nicht, weil die Scham zu groß ist. Man gibt sich cool und lässt sich nichts anmerken, da man glaubt, zu schweigen sei einfacher als darüber zu reden.

Innerhalb der letzten Jahre wurde mir die Problematik und vor allem das Ausmaß von Hass im Netz so richtig bewusst. Ich fing an zu recherchieren, las mir Medienberichte durch und tauschte mich mit anderen aus. Dabei studierte ich die Hintergründe und entdeckte so manchen Zusammenhang. Schon als Kind wollte ich Reporterin werden (neben vielen anderen Berufen, versteht sich), so wie Clark Kent und Lois Lane in Superman. Und wer, wenn nicht jemand wie ich, kann über dieses Thema aus erster Hand berichten? Ich halte es für wichtig, dass man offen dafür ist, zu reflektieren und sich mit seiner Vergangenheit auseinanderzusetzen – sowohl für sich als auch für andere.

Im Februar 2013 wurde ich eingeladen, mit Günther Jauch in seiner Talkshow über das Thema »Verschleppt und misshandelt – wie gelingt ein Leben danach?«[5] zu reden. Damals bezog ich zu einigen an mich gerichteten, sehr beleidigenden Hasspostings Stellung und ich glaube, dass vielen Zusehern da zum ersten Mal bewusst wurde, wie sehr ich als Person in der öffentlichen Kritik stehe. Man konnte nicht begreifen, wie einem ehemaligen Entführungsopfer ein solches Maß an Wut und Hass entgegengebracht werden konnte. Deutschland war entsetzt: Bild, Spiegel, Welt, Süddeutsche – alle schrieben sie darüber. Ich weiß nicht mehr genau, welche Beispiele Herr Jauch damals ausgewählt hatte, jedenfalls wurde ihm nach Ausstrahlung der Sendung via Social Media ein Shitstorm zuteil. Einige Zuseher dachten nämlich, dass ich live vor laufender Kamera mit diesen Postings konfrontiert worden wäre. Selbstverständlich jedoch wurde vorab genau besprochen, welches Material im Fernsehen behandelt und was besser ausgespart werden sollte. Glücklicherweise konnten wir dieses Missverständnis im Nachhinein aufklären.

Der Österreichische Rundfunk produzierte 2017 eine Sendung zum Thema »Hass im Netz«[6]. Neben meinem Schicksal wurden auch jene von Eva Glawischnig, Ingrid Thurnher und Elke Rock beleuchtet. Auch hier verlas ich eine Auswahl an Hasspostings,

5  programm.ard.de/TV/Programm/Sender/?sendung=28106946877137O
6  tv.orf.at/highlights/orf2/170710_thema_spezial100.html

die ich über die Jahre hinweg von Online-Kritikern erhalten hatte. Man wollte den Zusehern zeigen, wie skrupellos das soziale Miteinander im Internet sein kann und darauf aufmerksam machen, welch enormes Ausmaß Cybermobbing bereits angenommen hat. Die Sendung ist Christoph Feuerstein und seinem Team wirklich gelungen, da nicht nur Personen des öffentlichen Lebens gezeigt wurden, sondern man auch »den kleinen Mann« (wie man in Österreich zu sagen pflegt) zu Wort kommen ließ. Man befragte gleichermaßen »Wutbürger« wie »Gutmenschen« zu ihren Aktivitäten im Internet. Noch vor der Ausstrahlung erhielt ich erneut Hate-Mails mit sexistischen sowie gewaltverherrlichenden Inhalten. Ich hoffe, dass der eine oder andere Verfasser dieser Nachrichten zumindest den Mumm hatte, sich die Dokumentation danach auch anzusehen.

Ich denke, dass Sendungen, wie die des ORF oder jene von Günther Jauch, wichtige Aufklärungsmittel für unsere Gesellschaft sind. Vor allem die Jugend müsste sich das anschauen als Beispiel dafür, wie es nicht laufen darf. Sie sollen sich nicht am Neid und an der Missgunst der Erwachsenen orientieren. Ich könnte hier endlos viele Beispiele anführen und zerpflücken, die belegen, wie tief und grässlich ein Teil der Beleidigungen ist, die ich bis heute erhalte. Allerdings habe ich mich dafür entschieden, keiner dieser Hasstiraden unnötig Raum zu geben, denn den haben sich ihre Verfasser wahrlich nicht verdient. Natürlich sind Hasspostings für jeden Betroffenen eine Zumutung, egal, ob man sie an sich heranlässt oder nicht. Für mich waren die schlimmsten jene, in denen stand, dass man mich lieber tot als lebendig sehen würde. Dass ich die Entführung und meine Gefangenschaft als gar nicht so tragisch gefunden hätte. Dass mir all das sogar Spaß gemacht hätte. Dass mich meine Familie hassen würde und dass man mich gar nicht zurückhaben wollte. Dass alles bloß ein abgekartetes Spiel war... Derartige Verleumdungen haben mich am meisten verletzt.

Zum Teil stand diese Kritik in Zusammenhang mit meinem ersten Buch. Ich wurde damit konfrontiert, nicht offen genug gewesen zu sein und nicht alles aus meiner Gefangenschaft detailgetreu beschrieben zu haben. Ich würde irgendwas verbergen, etwas Großes! Auch dichtete man mir an, ich hätte im Kriminalfall irgendwelche Mittäter gedeckt, wen oder weshalb, darauf wurde nicht näher eingegangen. Sogar von Kinderpornoringen war die Rede und bis heute ist es mir schleierhaft, warum man mir all das ankreiden wollte. Ich kann es mir bloß so erklären, dass einige mit der Information, die sie von mir erhalten hatten, nicht klargekommen sind; sie wollten lieber bei ihrer Version der »Wahrheit« bleiben. Ich bin überzeugt, dass einige Sensationsgierige insgeheim sogar gehofft hatten, dass der Fall in eine bestimmte Richtung laufen würde. Als mein Buch diese Gier jedoch nicht befriedigte, glaubte man lieber irgendwelchen Verschwörungstheorien rund um mich und meine Erlebnisse.

Wahrscheinlich hätte ich beschreiben sollen, wie das Wetter an jedem einzelnen Tag war, wenn ich mal hinauf ins Haus durfte. Ich hätte vielleicht schildern sollen, wie kalt sich der Boden im Verlies angefühlt hatte. Es war auch wenig hilfreich, dass Fotos von dem Verlies veröffentlicht wurden, denn so erhielt die ganze Angelegenheit einen gewissen Museumscharakter, überspitzt ausgedrückt. Daran sieht man wieder einmal, was Bilder in unseren Köpfen bewirken können. Zudem brachten sich immer wieder »Experten« in den Fall ein, die weder mit mir noch mit dem Täter etwas zu tun hatten, sondern einfach nur Unruhe stiften wollten.

Heute kann ich locker über all dies sprechen, früher aber machte mich das betroffen. Ich war schockiert! Schließlich dachte ich ja, ich käme in eine Welt, wo alle Menschen nett und voller Anteilnahme wären. Und dann merkte ich, dass ich es gleich mit unzähligen Kräften zu tun bekam, die mich auf unterschiedliche Weise demontieren wollten. Als ich eingesperrt war, wurde ich regelmäßig verprügelt und sah oft arg aus. Viele hatten sich wohl erwartet, dass ich mich der Öffentlichkeit mit Wunden, Beulen und Schwellungen präsentieren würde. Allerdings war ich beim ersten Interview, das erst Wochen später stattfand, nicht mehr grün und blau, so etwas verheilt nämlich relativ rasch. Dabei hatte mich niemand auf der Welt bei meinem Entwicklungsprozess im Verlies begleitet (außer dem Täter natürlich). Als Kind und als Teenager hatte ich versucht, mich zu informieren, soweit es mir möglich war. Ich hörte Radio, las Bücher und dachte immerzu daran, wie mein Leben später einmal aussehen würde, wenn diese Schreckenszeit endlich hinter mir läge. Wenn man all diese Zeit hat, wie ich damals in der Gefangenschaft, dann versucht man sie auch zu nutzen. Wenn man stundenlang an die Decke starrt, dann fällt einem schon ein, wie man in Freiheit agieren würde, und so sammelt man immer mehr Mut, um sich tatsächlich irgendwann einmal selbst zu befreien.

Der Tag meiner Selbstbefreiung war dann Tag Null, weil von da an für mich ein neues Leben begann – mein Leben. Eine Tatsache, die meine Kritiker bis heute nicht verstanden haben. Denn anstatt glücklich zu sein und auf ihr eigenes Dasein zu schauen, das im Gegensatz zu meinem vermutlich ganz okay verlaufen ist, denken sie sich: Wie kann die so fröhlich sein? Sie muss doch traumatisiert sein! Was stimmt mit ihr nicht? Mittlerweile weiß ich, was mir die Verfasser der an mich gerichteten Hasspostings sagen wollen, nämlich, dass ich im Prinzip selbst schuld an meiner Situation sei. Sie denken sich: Was will die an der Öffentlichkeit? Jetzt hat sie ihre Geschichte eh schon überwunden! Mit einem Schnips läge die Vergangenheit hinter mir, einfach so. Wer weiß? Vielleicht meinen sie ja: Ich musste für mein Ferienhäuschen einen Kredit aufnehmen. Ich gehe arbeiten, ich kann meine Kollegen nicht leiden, ich hasse meinen Beruf. Warum soll die dann gutgelaunt Interviews geben und wie Dagobert Duck auf Geldbergen rumsitzen? Dabei verlange ich gar kein Geld für Interviews und ich bekomme wie gesagt auch nichts vom Staat geschenkt.

Mittlerweile glaube ich aber, dass meinen Kritikern in Wahrheit gar nichts an einem sachlichen Konsens liegt. Die meisten halten eisern an ihrer zusammengebastelten Meinung fest und teilen diese von Zeit zu Zeit der Öffentlichkeit mit, je nachdem, ob irgendwo ein Artikel oder ein Interview von mir erscheint. Nachdem ich meine erste Schmuckkollektion auf den Markt gebracht hatte, erinnere ich mich an einen Online-Kommentar, der in etwa lautete: Geh' was hackeln! Dabei arbeite ich ja. Der Verfasser hinter diesem Posting hat den Beruf Schmuckdesignerin wohl missverstanden. Er denkt vermutlich, dass jemand, der Zeit aufwendet, um seine Sache in den Medien zu präsentieren, sonst nichts tun müsse. Denn Leute wie diese, die im Büro sitzen, sich verausgaben und unglücklich sind, haben ihr Geld wirklich verdient, nicht so wie ich. Ich habe das Gefühl, dass sie den Weg zu ihrem eigenen Glück gar nicht kennen. Und so kritisieren sie eben mich und meine Arbeit. Doch wie es meine Art ist, habe ich weitergelächelt und bin fröhlich geblieben. Wer für sich beschließt, in einer solch miesen Stimmung zu leben, soll das bitte so halten. Das gilt aber nicht für mich.

Früher habe ich nie verstanden, wenn man mir sagte, dass es ein so mutiger Schritt von mir gewesen sei, mit meinem Leid und mit dem was mir passiert ist, an die Öffentlichkeit zu gehen. Erst Jahre später konnte ich die spirituelle Komponente dahinter begreifen. Es war tatsächlich ein mutiger Schritt von mir, darüber zu sprechen, weil einfach zu viele Menschen schweigen und zu viel verdrängen. Nach meiner Flucht trat ich aber vor allem deshalb an die Öffentlichkeit, weil das mediale Interesse an mir derart massiv war, dass ich mir gar nicht hätte vorstellen können, nicht an die Öffentlichkeit zu gehen. Es stimmt, dass ich die Geschehnisse meiner Gefangenschaft nicht bis ins kleinste Detail ausgerollt habe. Stattdessen habe ich anderen die Möglichkeit gegeben, mir zuzuhören oder Abstand von mir zu nehmen. Es war ja nicht so, dass ich das volle Programm gefahren wäre und mich im Fernsehen bitterlich ausgeheult hätte. Ich hatte nie um Aufmerksamkeit geheischt oder mich in Selbstmitleid gesuhlt. Nein, was ich tat, war, über meine Gefangenschaft zu sprechen. Ich habe damit etwas aufgezeigt, nämlich, dass solche schlimmen Dinge passieren und dass man sie überleben kann. Lange Zeit dachte ich, dass man mich nur interviewen würde, eben weil ich überlebt hatte – deswegen und weil mein Fall ein Kriminalfall war. Mittlerweile glaube ich aber, ich wurde so oft von Journalisten auf der ganzen Welt befragt, weil sich niemand sonst zur Verfügung gestellt und wie ich auf ihre Fragen geantwortet hat.

Wenn man mir aufrichtiges Mitgefühl entgegenbrachte, so habe ich das stets wahrgenommen. Manche meinten sogar, sie hätten sich an mir orientiert und ich sei ihnen ein großes Vorbild im Leben. In solchen Situationen war ich oft überfordert und dachte mir, das mag ja sein. Doch nun, wenn ich einen Schritt zur Seite mache und diese Momente aus einem anderen Blickwinkel heraus betrachte, wird mir deutlich bewusst: Wenn man aufsteht und über sein Schicksal spricht, kann man anderen tatsächlich Halt geben und eine Stütze sein. Dafür muss man keine besondere Mission verfolgen, das ergibt sich von allein. Manche meinen, es gehöre nicht viel dazu, eingesperrt gewesen zu sein, es gehöre nicht so viel dazu, überlebt zu haben. Doch darum geht es gar nicht. Es geht darum, die Geschehnisse zu verarbeiten, sodass man sie aufarbeiten kann – nicht nur für sich selbst, sondern eben für uns alle. Wir wollen die Gründe für Taten von Gewaltverbrechen wissen, um ähnliche Fälle später verhindern zu können. Damals war ich noch ein kleines Kind und es verschwinden ja ständig Kinder. Da war man froh, als man an mir endlich herausfand, was in jemandem vorgeht, der entführt und jahrelang weggesperrt worden war. Das geht natürlich nicht, wenn ein Mädchen im Wald vergraben oder in einem Fluss gefunden wird.

Ich wundere mich immer wieder über die Dreistigkeit jener Menschen, die mir mein soziales Engagement absprechen möchten. Die glauben wohl, ich schwafle und schwatze bloß zum Spaß daher. Sie merken nicht, wieviel Energie es mich kostet, all dies zu kommunizieren und glauben, ich sei jemand, der sich jeglicher Verantwortung im Leben entzöge und nichts Produktives für die Gesellschaft leisten würde. Leider haben einige ganz falsche Vorstellungen davon, wie man das Leben genießen kann. Sie sehen mich lächeln und kommen gar nicht auf die Idee, dass ich mich, gerade weil ich so viel Schreckliches durchgemacht habe, so freue, auf der Welt zu sein und meine Freiheit zu genießen. Manchmal kommt es mir vor, als würde ich mich durch ein System von

Wasserkanälen mit ein paar wenigen Schleusen bewegen. Dabei bin ich diejenige, die über eine dieser
Schleusen hinaus ins Meer schwimmt, während meine hasserfüllten Kritiker gar keine entdecken und
deshalb für den Rest ihrer Tage im System gefangen
bleiben.

Lieber bringe ich die Dinge gleich auf den Punkt,
als dass ich falsch verstanden werde. Ich möchte
mich nämlich auf die Inhalte konzentrieren, die ich
in sozialen Medien poste und nicht auf das, was ich
damit lostreten könnte. Nähme man nicht immer
wieder Bezug auf meine Entführungsgeschichte,
würde ich vermutlich freier twittern oder instag-
ramen. Was mich neben beleidigenden Postings zu-
sätzlich belastet, ist, dass es immer wieder Leute
gibt, die versuchen, mich irgendwie auszutricksen.
Zum Beispiel gibt jemand vor, eine wissenschaftliche
Arbeit über ein Thema wie Missbrauch, Gefangenschaft oder Ähnliches zu schreiben. Dieser jemand
glaubt, mich so über Hintertürchen wie Twitter und
Instagram erreichen zu können, um mir sensible
Information zu entlocken. Möglicherweise etwas,
das ich bislang noch keiner Menschenseele anver-
traut habe. Ich denke, sie tun das, um irgendwo gut
dazustehen – und sowas kann gefährlich werden.
Ich limitiere mich ja in der Öffentlichkeit, um meinen Namen zu schützen, wo es geht. Deshalb werden

auch alle Interviewanfragen sorgfältig geprüft und gründlich besprochen, da ich nur gezielte Inhalte herausgebe. Wie soll ich da jemandem, der mich über Social Media kontaktiert, sagen: Gut, sprechen wir unter vier Augen über mein Leben. Ich möchte ja nicht gemein sein (vielleicht sind manche User auch nur naiv), trotzdem entstehen für mich dadurch seltsame und unangenehme Situationen. Und woher soll ich wissen, ob sich hinter der Fassade wirklich diejenige Person verbirgt, die sie vorgibt zu sein? Wenn ich einfach so schreibe was ich mir denke, könnten meine Worte missverstanden, aus dem Kontext gerissen und letztlich gegen mich verwendet werden. Im Internet kann man nie vorsichtig genug sein...

# NEUE MEDIEN

## Ein Überblick

Begriffe wie »Web 2.0«, »Open Data« oder »Affilia-te-Marketing« sind allgegenwärtig. Das Internet ist ein derart schnelllebiges Organ, dass es schwerfällt, selbst seine wichtigsten Entwicklungen im Auge zu behalten. Ein unendlicher Datentransfer prägt unseren Alltag, während sich das Miteinander zu einem wesentlichen Teil in die sozialen Netzwerke verlagert hat. Facebook, Instagram und Twitter sind jene Orte, an denen man heute miteinander kommuniziert. Und ihre Macher, neue multinationale Konzerne, sind drauf und dran, die alteingesessenen Riesen der Medienbranche zu unterwandern, zu untergraben und letztlich abzulösen.

Schon vor einem Vierteljahrhundert gab es im Internet haufenweise Chats und Foren, die nicht nur unter jüngeren Usern äußerst beliebt waren. Die Handhabung war einfach: Man betrat einen Chatroom, wählte irgendeinen Spitznamen und textete drauflos. Man wollte schreiben, spielen, schmunzeln, flirten, fragen, antworten, kommentieren und ein bisschen die große weite Welt erkunden. Bei einer Plattform musste man sich registrieren und ein Benutzerkonto mit Foto samt persönlicher Angaben anlegen, bei einer anderen war das nicht notwendig. Das ist eigentlich bis heute so geblieben, wobei sich natürlich die Geräte, die Oberflächen und vor allem die Algorithmen dahinter verändert haben. Doch auch die User haben zuweilen andere Ansprüche als damals. Daten wurden über Nacht zu einem kostbaren Gut, vergleichbar mit Gold, Wasser oder Getreide. Tagtäglich schießen neue Apps wie Pilze aus dem Boden und jede von ihnen könnte zur nächsten, alles menschliche Leben stützenden Technologie werden.

Bevor ich 1998 entführt wurde, waren Fernsehen, Radio und Printmedien die Massenmedien schlechthin, daran führte kein Weg vorbei. Überall lagen die gleichen Zeitschriften auf, jeder schaute die gleichen Programme, überall liefen die gleichen Nachrichten. Die Informationsgesellschaft des zwanzigsten Jahrhunderts war im Vergleich zu heute um einiges statischer und passiver, weil die Menschen noch von der Flut an Information überfordert waren, die auf sie herniederprasselte. Zweihundertfünfzig TV-Sender boten mehr Exotik als man es sich je hätte erträumen können. Und jetzt, im hochtechnologischen Plastikzeitalter des einundzwanzigsten Jahrhunderts, ist das Handy unser höchstes Gut. Mit ihm regeln wir alles, was unser Dasein ausmacht: Privates, Soziales, Geschäftliches, Finanzielles. Es steht regelrecht für unsere Unabhängigkeit (oder Abhängigkeit?). Wir möchten keine austauschbaren Fabriksarbeiter mehr sein. Wir wollen uns selbstverwirklichen und bestmöglich nach unseren Wünschen und Vorstellungen leben. Ein Luxus, den wir uns alle leisten – koste er, was es wolle.

Viele neue Medien bewegen sich bereits auf Augenhöhe mit den größten Medienhäusern der Welt. Dabei wird die öffentliche Meinung nicht mehr über dieselben drei Kanäle generiert, sondern über allerlei Meinungsmacher, Multiplikatoren und dank Social Media zu einem erheblichen Teil auch über uns selbst. Genauer gesagt über den Content, den wir liefern. Ununterbrochen werden wir mit Bildern, Inhalten und Botschaften bombardiert, die uns ansprechen, stimulieren, verwirren und vielleicht sogar dazu anstiften, dieses und jenes zu tun oder zu lassen. Screen um Screen wird uns vorgelebt, wie wir sein können, sollen, müssen und letztlich wollen. Reizüberflutung wohin wir unsere Sinne auch lenken! Es geht um Inhalte, Inhalte, Inhalte – denn die bringen das große Geld.

Was aber sind diese »Neuen Medien« nun genau? Wie erwähnt, zeichnen sie sich vor allem durch drei Eigenschaften aus: Sie sind elektronisch, online und interaktiv. Ihr Zweck ist der soziale Austausch, wobei sie privat wie geschäftlich gleichermaßen genutzt werden. Um einen Überblick darüber zu bekommen, wie sie funktionieren, wer sie nutzt und welche die populärsten unter ihnen sind, habe ich ein wenig recherchiert und folgende Liste[7] zusammengestellt:

**Messenger-Dienste (WhatsApp, Snapchat, Telegram, Skype)**
Messenger-Dienste (auch Instant-Messaging-Dienste genannt) dienen vor allem der Kommunikation mit dem persönlichen Umfeld (wie Familie, Freunde, Kollegen), aber auch mit Geschäftskontakten. Das Synchronisieren von Telefonnummern sowie das Verschicken von Textnachrichten, Emojis, Bildern, Videos oder Links ist kinderleicht, auch Chat-Groups mit mehreren Personen kann man erstellen,

---

7   Diese Liste umfasst nur einen Bruchteil jener neuen Medien, die im Internet kursieren und erhebt keinerlei Anspruch auf Vollständigkeit oder Richtigkeit (Streaming-Dienste wie Netflix fallen für mich zwar auch unter neue Medien, allerdings besitzen sie keine soziale Komponente). Die Einteilung entspringt allein meinem Verständnis der Thematik und natürlich verschwimmen die Grenzen zwischen den einzelnen Medien-Kategorien von Produkt zu Produkt.

was gerne in Freundeskreisen, Arbeitsgruppen, Uni-
zirkeln oder für Veranstaltungen genutzt wird. Messenger sind sowohl am Desktop nutzbar als auch als
App am Smartphone, was mittlerweile eigentlich
Usus geworden ist. Berühmte Vorgänger waren ICQ,
der Yahoo- oder der MSN-Messenger. WhatsApp,
das wohl beliebteste Service der Gegenwart, ist übrigens ebenso Teil des Facebook-Imperiums wie Instagram, wodurch sich erahnen lässt, warum sich so
viele Datenschutzverfechter gegen dieses Unternehmen wehren.

**Soziale Medien (Facebook, Instagram, Twitch,
Twitter, YouTube, LinkedIn, TripAdvisor)**
Eigentlich sind soziale Medien und Messenger das,
was die meisten von uns unter Social Media verstehen. Sie decken so gut wie alle Bereiche des sozialen Lebens ab (Freunde, Arbeit, Nachrichten, Unter-
haltung, Politik, Religion, Reisen, Ernährung, Sport,
Spiele) und beherbergen Unmengen an eigenständi-
gen Communitys. Es wird sich ausgetauscht, Content
hoch- und heruntergeladen, geteilt und bewertet.
Social-Media-Profile sind die neuen Visitenkarten
und zugleich Orte der grenzenlosen Selbstinszenie-
rung. Es geht um Interaktion, ums Sehen und Gesehen werden, wobei es nicht zwingend notwendig ist,
die anderen aus dem realen Leben zu kennen. Man

liket dieses oder jenes, knüpft Freundschaften, folgt anderen und lässt sich folgen. Eindrücke, wohin der Daumen tippt, und natürlich spielt die Content-Bewertung die übergeordnete, alles entscheidende Rolle – der Like-Button ist das Mobbing-Tool schlechthin, der Follower-Zähler nur dicht dahinter. Und auch die Werbeindustrie mischt selbstverständlich kräftig mit. Trotz allem nutzen jedoch täglich Milliarden von Menschen die sozialen Netzwerke und so gut wie jeder ist dabei – unser größter Star genauso wie der Nachbar von nebenan.

### Blogs und Foren (Tumblr, 4chan, Reddit, Pinterest, Huffington Post)

Sie wirken im Vergleich zu Social Media etwas statisch, sind dafür aber weniger überlaufen und enorm zielgerichtet, was den Informationsgehalt betrifft (was natürlich nichts über dessen Qualität aussagt). Man schreibt, liest, kommentiert, sucht Inspiration oder gibt Hoffnung. User, die in Weblogs, Foren oder auf Boards posten, kennen sich in der Regel eher selten aus dem realen Leben, wobei manche Gruppen eingefleischt und jahrelang zusammen sind, mit regelmäßigen User-Treffen und allem Drum und Dran. Wie viele andere neue Medien sind auch sie nicht ortsgebunden und theoretisch offen für jeden Internet-User auf der Welt. Themenportale, Nachrichtendienste, Tauschbörsen oder Pinnwände dienen dem Austausch von Neugierigen, Nerds und Profis. Die Palette an Blogs und Foren ist enorm und reicht von kommerziellen Plattformen mit Millionen von Zugriffen bis hin zu kleinen Nischen oder Zirkeln, wo in gemütlicher Atmosphäre miteinander gekocht, gebastelt, geplaudert und philosophiert wird.

**Dating Apps (Elitepartner, Tinder, Grindr, Lovoo)**
Die Partnervermittlung im Internet boomt, wodurch immer mehr Menschen per Wisch und Mausklick zueinander finden. Online-Singlebörsen sind populärer denn je, längst ist aus einer Teenie-Mode ein millionenschweres Erfolgsmodell geworden. Während sich der Bezahldienst Elitepartner möglichst seriös gibt und stark über die klassischen Medien um Kunden wirbt, fischt der Gratisdienst Tinder über Social Media nach junger Klientel, das ungezwungen flirten möchte. Soweit ich weiß, ist Tinder stark von Facebook abhängig, allerdings nicht Teil dessen Imperiums. Die Dating-App holt sich Fotos und andere relevante User-Daten direkt von Facebook und wirbt im Gegenzug aktiv für sie. Doch nicht nur Liebesbeziehungen werden über Dating-Apps gesucht, auch Reisepartner, Sportgegner oder Kollegen zum Lernen sind begehrt, da man sich so im Alltag wohl nie kennenlernen würde.

**Online-Enzyklopädien (FreeWiki, Wikipedia)**

Bis in die späten Neunziger stand so gut wie in jedem Haushalt ein Lexikon von Meyers oder Brockhaus. In den vergangenen zwanzig Jahren wurden sie sukzessive von Wikipedia abgelöst und verstauben nun in Bibliotheken oder Antiquariaten. Online-Enzyklopädien haben neben ihrem nicht vorhandenen Platzproblem den großen Vorteil, tagesaktuell und somit immer am neuesten Stand zu sein. Eine Aktualisierung kostet maximal ein paar Minuten Zeit, Bücherbände hingegen brauchen eigens eine neue Auflage. Allerdings stehen sie aufgrund oft unzuverlässiger Quellen gern in der Kritik, vor allem im Schul- und Unibetrieb. Wikipedia ist meiner Meinung nach ideal, um etwas nachzuschlagen wie historische Daten oder wenn man rasch mal einen Überblick über ein Thema erhalten will. Es wird seiner sozialen Komponente insofern gerecht, als es von seinen Mitgliedern mit Beiträgen gespeist wird und somit »organisch« wachsen kann.

**Suchmaschinen (Google, Baidu, Yandex)**

Suchmaschinen zählen zu den größten Playern am digitalen Markt und somit zu den mächtigsten Konzernen überhaupt, wobei Marktführer Google als die beliebteste Website der Welt gilt[8]. Den Satz »Warte, ich google das schnell« kennen wir alle – klar, so kommen wir am raschesten ans Ziel. Search Engines bieten heute weit mehr als nur das Internet nach Begriffen, Bildern und Videos zu durchforsten, in Wirklichkeit sind sie globale Datenspeicher. Sie sammeln Unmengen an Online-Daten und bereiten sie für den auf, der gut bezahlt: Unternehmen, Parteien, Vereine, Organisationen oder Privatpersonen. Selbstverständlich heimst ihnen das enorme Kritik ein, vor allem für das Voranschreiten der Totalüberwachung werden sie immer wieder mitverantwortlich gemacht. Trotz all der negativen Publicity glaube ich jedoch, dass die meisten von uns Google als ihre persönliche Startseite eingerichtet haben. Und durch jeden Klick unterstützen wir diesen Konzern ein bisschen mehr.

Die neuen Medien sind zu den Sprachrohren der Weltbevölkerung geworden. Jeder von uns hat etwas zu sagen, jeder möchte gehört werden. In allen sozialen Netzwerken herrschen eigene Dynamiken vor, wobei die Trennung zwischen öffentlich und privat immer unklarer wird. Wer welches Medium nutzt, hängt letztlich von den Vorlieben und Beweggrün-

8   www.alexa.com/topsites

den der einzelnen User ab. Die eine bringt sich gern aktiv in die Community ein, der andere bleibt lieber im Hintergrund. Der eine liebt bewegte Bilder, die andere bevorzugt den schlichten Text. Mal vergnügt man sich, mal rackert man sich ab. Das Internet ist wie ein Spiegel, der uns zeigt, wie divers und vielfältig wir Menschen vom Wesen her sind.

Die ständige soziale Verfügbarkeit hat sowohl die Form als auch das Verständnis unseres Miteinanders grundlegend verändert. Das Leben ist schneller geworden, die Gesellschaft vernetzter. Wir bleiben sprichwörtlich am Laufenden darüber, ob in China ein Fahrrad umfällt. Wir wissen, was sich im Leben des ehemaligen Klassenkameraden tut, den man seit zehn Jahren nicht mehr gesehen hat und der inzwischen in Hamburg wohnt. In unserer schönen, neuen Welt ist der persönliche Kontakt nicht mehr zwingend notwendig. Es gibt nicht wenige, die regelrecht im Internet »leben«. Geschäftsterminen, Familienfeiern, ja selbst Geburten kann man heutzutage online beiwohnen. Schleppende Brieffreundschaften aus Kindheitstagen wirken im Vergleich dazu wie Reliquien aus einem längst vergangenen Zeitalter. Wir pflegen Bekanntschaften zu Menschen, die wir noch nie im Leben getroffen haben und die vielleicht in Südafrika, Indien oder den USA leben. Daraus entwickeln sich gar enge Freundschaften oder Liebesbeziehungen, die jenen im realen Leben in puncto Emotion und Intensität um nichts nachstehen.

Allerdings macht es uns nicht zu anderen Menschen, nur weil wir uns im Internet bewegen. Wir bleiben wer wir sind, mit all unseren guten wie schlechten Attributen. Auf Online-Plattformen verhält es sich wie im Job oder in der Schule: Man ist neu, nähert sich an, schließt Freundschaften und schätzt die gemeinsame Zeit – so stellen wir uns das vor. Wenn man jedoch Pech hat, stößt ein Störenfried hinzu oder macht einem gar von Anfang an das Leben schwer. Ich habe selbst erlebt, wie in manchen Foren aktivere, alteingesessene User den Platzhirschen markierten. Sie fühlten sich stark und mächtig, machten sich über Beiträge von Neulingen lustig oder gaben sich gönnerhaft, je nachdem, wie es ihnen gerade beliebte. Sie glaubten, mehr Privilegien als andere User zu besitzen, nur weil sie schon jahrelang dabei waren und zigtausende von Postings verfasst hatten. Es ist nicht leicht, solchen Usern aus dem Weg zu gehen – vor allem, wenn man die direkte Konfrontation scheut. Andererseits darf man ihnen auch ruhig einmal Grenzen aufzeigen, vor allem, wenn einen selbst die Situation dauerhaft belastet. Allerdings auf eine ruhige, niveauvolle und respektvolle Art.

Tragischerweise gibt es auch Communitys, die

überhaupt nur deshalb bestehen, weil ihre Mitglieder ein gewisses Maß an Wut und Hass an den Tag legen. Sie schaukeln sich gegenseitig hoch, indem sie Beiträge (deren Inhalte eigentlich verboten gehören oder es ohnehin schon sind) liken, teilen und bekräftigen. Nicht selten werden derartige Gemeinschaften von außen unterwandert, wie von Incels oder Rechtsextremen. In solchen Foren sammeln sich zum Teil gefährliche Leute, die bis zum Äußersten gehen würden – Gewalt, Sexismus und Rassismus sind ihr Metier. Sie stiften mental Schwächere dazu an, beleidigende Nachrichten zu verschicken oder Telefonterror zu begehen. Manche gehen noch weiter und dringen physisch in die Privatsphäre ihrer Opfer ein, was dann von körperlichen Übergriffen bis hin zu terroristischen Anschlägen reichen kann.

Die Betroffenen reagieren natürlich mit Angst, Panik macht sich breit und im Magen krampft sich alles zusammen. Wie lange wird die Schikane dauern? Welche Ausmaße wird sie annehmen? Die Psychoterror-Palette im Internet ist breit und reicht von sexueller Belästigung (Sexting, Stalking), über Hacking- und Leaking (Nude-Content auf Pornoseiten), bis hin zu Trolling (Hetze, Fake-Content) und mehr. Die Opfer können nichts dagegen tun, dass ihre Fotos im Internet kursieren, seien sie echt oder gefälscht. Auch die Behörden sind meist machtlos, da sie nicht wissen, wer dahintersteckt. Es könnte das Werk eines Irren sein, genauso gut kann es sich aber um eine Auftragsarbeit handeln – wer weiß das schon? Trotzdem sind wir alle online. Trotzdem nutzen wir Social Media. Trotzdem wollen wir mitmachen und ein Teil davon sein. Und damit haben wir auch recht! Es bringt nichts, den Kopf in den Sand zu stecken. Suchen wir stattdessen den Dialog und sollte das nicht klappen, dann wenden wir uns an jemanden, der uns helfen kann. Und sollte auch das nicht gehen, dann werden wir zumindest laut und erzählen der Öffentlichkeit, was los ist!

Ich denke, dass das Internet schon immer als ein Platz des Austauschs gedacht war. Das macht sowohl die zunehmende Personalisierung der User als auch das gnadenlose Voranschreiten der Zentralisierung des WWWs deutlich. Die Formen der Interaktion werden immer komplexer, während im Hintergrund verschiedene Programme ablaufen, die uns alle irgendwie miteinander verbinden, ohne, dass wir es merken. Facebook ist seit mehr als fünfzehn Jahren online, das ist so ein Meilenstein, an dem ich mich gern orientiere. Natürlich gab es schon davor allerlei Messenger (MSN), soziale Netzwerke (MySpace), Chats (ICQ), Foren (wer-weiss-was.de) oder Boards (4chan). Zeitungen und Magazine zählen für mich ebenso zu den Pionieren des Internets, da viele ihre

Leserschaft schon früh interaktiv einbanden, sei es durch Kommentarfunktionen, Chats oder das Anlegen von Nutzerprofilen. Facebook nahm ich erst gegen Ende der Nullerjahre so richtig wahr, davor kannte ich lediglich StudiVZ. Soweit ich weiß, kam Zuckerbergs Schöpfung hierzulande nur langsam ins Rollen und wurde ausschließlich privat genutzt. Das war noch keine so vernetzte und kommerzielle Geschichte wie heute, meilenweit entfernt von einem milliardenschweren Konzern und weltweiten Arbeitgeber.

Zwei Dinge schätze ich an Social Media ganz besonders: die Idee der globalen Vernetzung und ihre ungeheure Vielfältigkeit. Auch wenn Facebook mit seiner Vormachtstellung der Trendsetter schlechthin ist (was allein der Siegeszug des Like-Buttons zeigt), erlaubt jedes Online-Netzwerk seinen Usern auf ganz eigene Art und Weise, am Weltgeschehen teilzuhaben. Alles in allem ist es eine gute Sache, dass jeder seine Meinung öffentlich kundtun kann. Man braucht sich nicht mehr auf den Hauptplatz zu stellen und Reden zu schwingen oder massig Geld für Kolumnen in Zeitungen auszugeben. Klar nervt es auch mich, wenn viele einfach nur ihre Fadesse zum Ausdruck bringen und kaum hochwertigen Content beisteuern (und böse gesagt das Internet »zumüllen«). Dadurch geht ein gewisses Maß an Ästhetik verloren.

Auf der anderen Seite macht aber genau das unser Recht auf freie Meinung aus. Von mir aus soll jeder posten was er möchte (sofern es nicht illegal oder menschenverachtend ist), da es letzten Endes allein mir überlassen ist, welche Inhalte ich konsumiere und welche nicht.

Für mich ist es einfach wichtig, mich frei im Netz bewegen zu können. Ich möchte mich informieren und austauschen, Postings lesen, ab und zu etwas liken oder kommentieren. Oder ich poste selbst etwas und schaue, was andere dazu meinen. Sich zu seinen Interessen und Vorlieben auszutauschen, macht uns doch irgendwo aus, oder nicht? Wenn ich etwas auf Twitter lese und merke, darauf wird reagiert, dann weiß ich, dass diese Leute hinter ihrer Sache stehen. Es ist ihnen ernst mit dem was sie meinen, sonst würden sie es ja nicht veröffentlichen. In diesem »Spiegel der Gesellschaft« sieht man gut, wie etwas aufgenommen wird.

Manchmal vergesse ich ganz darauf, dass meine Meinung auch für die Presse von Interesse ist. Eines meiner Twitter-Postings schlug einst ungeahnte Wellen, weil es sich auf ein brisantes innenpolitisches Thema bezogen hatte. 2018 wurde im Radio berichtet, dass für Wien Polizeipferde bestellt werden sollten. Daraufhin postete ich auf Twitter: »Ich halte nichts von einer berittenen Polizei. Was meint ihr?« Drei Stunden später titelte bereits die erste Zeitung mit der Schlagzeile: »Kampusch vs. Kickl«. Dabei wollte ich überhaupt kein politisches Statement abgeben. Meine Ansicht ist einfach die, dass es in Wien für Pferde gefährlich ist und dass ich nicht einsehe, warum diese Tiere für die Polizei arbeiten sollten. Ich habe selbst ein Pferd und weiß, dass es im Stadtverkehr oder auf Demonstrationen einfach zu laut und eng ist. Ich erhielt viel Zuspruch für mein Posting, was mich freute, und auch ein wenig Kritik, was auch normal ist. Der Einfachheit halber stellte ich es später aber offline, da versucht wurde, meine Inhalte zu instrumentalisieren, worauf ich hier aber nicht näher eingehen will.

Ganz gleich, wie sehr man im Fokus der Öffentlichkeit steht, wie sehr man Social Media nutzt, wie sehr man aufpasst: Das Internet hat seine eigenen Regeln. Ich habe bereits die Influencer erwähnt, worunter ja auch die allseits beliebten Blogger fallen. Sie sind wahre Superstars der heutigen Jugend und die Anzahl ihrer Fans kann bis in die Millionenhöhe reichen. Sie leben mehr oder weniger für die Öffentlichkeit und ermöglichen ihren Followern, ihnen sprichwörtlich auf Schritt und Tritt zu folgen – online versteht sich.

# Influencer

Kennt noch jemand den Begriff Chatsucht? Stundenlangem Chatten und Surfen begegnete man in den Anfangstagen des Internets noch mit reichlich Skepsis. Nicht selten setzte man sich Zeitlimits, um nicht vollkommen dem Rausch des World Wide Web zu verfallen. Eine Stunde am Tag, zwei Stunden... Mittlerweile ist es ganz normal, dass wir immerzu am Smartphone rumfummeln, und nicht selten binden wir WhatsApp in unsere Gespräche mit ein. Im Büro, beim Ausgehen, vor dem Fernseher oder beim Frühstück – überall zücken wir unser Handy, um zu sehen, wer uns schreibt oder was gerade abgeht. Seit sich viele Internetaktivitäten weg vom PC hin zum Smartphone verlagert haben, sind wir so gut wie immer online. So gesehen leben wir alle im Netz – die einen weniger, die anderen mehr. Einige verdienen sogar ihr Geld mit dem, was früher als Internetsucht bezeichnet wurde, es ist ein millionenschwerer Geschäftszweig daraus geworden.

Erlangt ein User eines sozialen Mediums ein überproportionales Maß an Popularität, das möglicherweise die Plattform selbst übersteigt, so spricht man von einem Influencer. Darunter fallen Blogger, YouTuber, Instagrammer und so weiter. Soweit ich weiß, stammt der Begriff ursprünglich aus der Modewelt, wo Influencer quasi Trendsetter waren. Der Job der heutigen Influencer hingegen ist es, uns an ihrem Leben teilhaben zu lassen. Und tatsächlich leben wir mit ihnen, denn für ihre Fangemeinde dokumentieren sie ihren Alltag (Einkäufe, Körperpflege, Vorlesungen, Foto-Shootings), ihr Liebes- und Familienleben (Tinder, Taufen, Hochzeiten), ihren Beruf und, und, und. All das kommunizieren sie live via Social Media oder über ihren persönlichen Blog, das Handy stets zur Hand.

Wie der Name schon sagt, üben Influencer Einfluss auf andere aus, weshalb sie von Eltern oft kritisch beäugt werden. Sie beeinflussen Kinder und Jugendliche, die ihnen unreflektiert folgen, lautet einer der häufigsten Vorwürfe. Weit weniger kritisch sehen das natürlich Unternehmen, die mit ihren Produkten bestimmte Zielgruppen erreichen wollen. Influencer haben zum Teil höhere Reichweiten als ganze Zeitungen, was man sich einmal vorstellen muss. Viele ihrer Follower vergöttern sie, kaufen alle möglichen Produkte, die sie anpreisen und überweisen nicht selten Geld in Form von Spenden an sie. Ich stelle mir das wie eine Mischung aus Freundschaft, Personenkult und Abhängigkeit vor.

Durch die starke Anziehungskraft der sozialen Medien haben viele Blogger und Vlogger (Video-

Blogger) ihre eigenen Seiten verlassen, um auf Facebook, Instagram oder YouTube Karriere zu machen. Ich sehe das durchaus als eine Art Markt-Zentralisierung. Nüchtern betrachtet sind Influencer Content-Lieferanten, die laufend Video-, Bild- und Textinhalte von sich oder anderen über Social Media verbreiten. Ihre Anhängerschaften beginnen bei ein paar hundert Fans und gehen bis in die Millionen, wobei jedes Medium und jede Sparte ihre eigenen Superstars haben, die so gut wie all unsere Interessensgebiete abdecken: Lifestyle, Liebe, Mode, Beauty, Fitness, Ernährung, Entertainment, Musik, Gaming, Business, Reisen und noch vieles mehr.

Mittlerweile engagieren immer mehr Unternehmen Influencer als Werbeträger, da man sich ihrer enormen Werbewirksamkeit bewusst geworden ist. Pamela Reif oder Stefanie Giesinger stehen an der Spitze der deutschen Blogger-Pyramide. Doch auch Micro-Influencer mit ein paar tausend Anhängern haben durchaus einen gewissen Werbewert. Denn eines ist sicher: In den sozialen Netzwerken wird schonungslos und auf jede erdenkliche Art geworben. Das gefällt wiederum nicht jedem und so manch eingefleischter Fan ist natürlich verärgert, wenn die Produktwerbungen seines Lieblingsinfluencers überhandnehmen. Ist dem der Fall, kann es schon mal zu öffentlicher Kritik kommen, die sich zumeist im Kommentarbereich abspielt. Es passiert auch immer wieder, dass solche »Konversationen« außer Kontrolle geraten und wenn man Pech hat, in einen Shitstorm ausarten.

Wir halten also fest, dass Influencer enorm populär sind und einen großen Einfluss auf ihre Fangemeinden (oder – wirtschaftlich gesehen – auf potenzielle Käufer) ausüben. Ihr jugendnaher Content sowie ihre hohen Reichweiten bieten sich optimal für Werbeschaltungen an. Influencer freuen sich über Geschenke von verschiedenen Unternehmen und platzieren diese Produkte gekennzeichnet oder versteckt in ihren Beiträgen. Das ist leicht verdientes Geld und man tut damit niemandem weh. Außer den Fans vielleicht. Nicht wenige Influencer steuern die Dynamiken innerhalb ihrer Anhängerschaften sogar bewusst, indem sie sagen: Ich liebe diese Joghurt-Sorte, diese hingegen habe ich nicht mehr so gern. Und schon gibt es eine Reaktion darauf. Man meint: Wählt dies! Und es heißt: Warum nicht das?

Meiner Meinung nach nahm all das seinen Anfang mit Realityshows wie Big Brother oder Taxi Orange. Um unsere voyeuristische Ader zu befriedigen, sehen wir neben Filmen eben auch gerne »echten« Menschen zu, wie sie leben (oder zumindest so tun). Viele trachten nach Ruhm, doch nur die wenigsten schaffen es ganz nach oben. Wenn möglich, versuche ich immer beide Seiten einer Geschichte zu kennen, bevor ich mir ein Urteil bilde. Und womöglich lehne ich mich zu weit aus dem Fenster, wenn ich meine, Cyberneider obliegen einer abstrakten Form von Exhibitionismus. Das ist gewagt, aber so sehe ich das nun mal. Zu ihnen gesellen sich wiederum Menschen (absichtlich oder unabsichtlich), die einen latenten Voyeurismus in sich tragen. Beide bewegen sich in denselben Sphären, in der gleichen Bubble, wenn man so will. Und wenn jemand ein Foto von sich postet, das gar nicht sexuell motiviert sein muss, nähern sie sich an. Und zwar, weil beide das gleiche Geltungsbedürfnis in sich tragen – der eine aktiv, der andere passiv. Die Stimmung kann aber auch kippen und es kommt zu Beleidigungen, die dann keineswegs mehr aus einer gewissen Bewunderung fürs Gegenüber heraus entstehen. Meistens aber bewegen sich die Mitglieder einer Community friedlich nebeneinander, ohne zwingend in direkten Kontakt zu geraten. Die Spannungen zwischen ihnen bleiben dennoch vorhanden, auch wenn sie nicht zum Tragen kommen.

Ich frage mich: Was macht uns im Internet aus? Jedes öffentliche Bild einer Person ist künstlich und unecht – eine Kreation, eine Inszenierung. Bei den meisten Influencern weiß man nicht, wie sie abseits der Kamera wirklich leben, welchen Beruf sie ausüben oder wer ihre Familien sind. Wenn eine bildhübsche Frau in einem Posting plötzlich ihren Ehemann zeigt, den man zuvor noch nie zuvor gesehen hat, ist man vielleicht verwundert, wenn er kein Adonis ist. Nur, was erwarten wir uns denn? Ist er eben einen halben Kopf kleiner als sie – und? Macht ja nichts. Vielleicht hat sie auch eine fünfundsiebzigjährige Omi im Schürzenkleid zur Freundin. Nur sieht man auch die niemals, sondern nur die gleichaltrige Freundin, mit der sie zum nächsten Shooting zieht, wo sie gemeinsam einen auf Rockabilly machen und vor Cadillacs posen. Und somit entstehen Bilder, die in ihrer Summe nicht der Wirklichkeit entsprechen. Ich fürchte, dass sich zu viele Menschen zu leicht irgendwelchen Illusionen hingeben. Sie steigern sich in Kleinigkeiten hinein und provozieren so Missverständnisse oder Beleidigungen.

Was zeichnet einen erfolgreichen Influencer eigentlich aus? Und wieviel verdient man in diesem Geschäft? Die großen sozialen Medien versuchen, solche Zahlen so wenig wie möglich publik zu machen. Klear etwa ist ein auf Big Data spezialisiertes Unternehmen, das Influencer-Marketing Tools sowie Kampagnen für Tracking, Monitoring und ähnliches anbietet. Auf ihrem Blog veröffentlichen sie im Frühjahr 2019 eine sehr aufschlussreiche interne Datenerhebung[9], die be-

9  blog.klear.com/influencer-pricing-2019

sagt, dass die beliebtesten YouTuber mehrere tausend Euro für ein Video kassieren. Aber auch Influencer mit kleineren Anhängerschaften können pro Posting hundert Euro auf Instagram verdienen. Man sieht also, dass es durchaus ein lohnendes Geschäft ist, sich als Werbeträger in sozialen Netzwerken zu verdingen. Doch leider gibt es selbst dort den berüchtigten Gendergap. Wie die Datenerhebung von Klear besagt, verdienen weibliche Influencer auf Facebook, Instagram und YouTube um knapp ein Viertel weniger als ihre männlichen Kollegen.

Wie erwähnt ist Werbung für einen Großteil der Fans, Subscriber und Follower natürlich ein leidiges Thema. Sie wissen, dass ihre Stars etwas einspielen müssen, um ihren Content überhaupt produzieren und von etwas leben zu können. Doch bei zu viel Werbung leidet die Authentizität eines Influencers und es gibt leider genügend Beispiele, wo bloß das schnelle Geld gesehen wird. Ich habe oft darüber nachgedacht, ob Influencerinnen im Widerspruch zum Feminismus stehen. Natürlich will man sich als Frau möglichst selbstbewusst, trotzdem aber auch sexy positionieren. Das hat nicht zuletzt etwas mit dem Umfeld und der Kultur zu tun, in der wir leben. Ich denke, man sollte Relationen wie diese stets im Auge behalten und deswegen fände ich es unfair, alle in einen Topf zu werfen. Meiner Meinung nach ist der

Zugang das Allerwichtigste und jenen Influencerinnen, denen ich folge, spreche ich durchaus ein gesundes Maß an Weiblichkeit zu.

Leider gibt es etliche junge Frauen, die unentwegt über Social Media kommunizieren, wie selbstbewusst, unabhängig und abgeklärt sie nicht wären. Da frage ich mich: Ist das Selbstzweck? Und ist es wirklich jedem möglich, den gleichen Lebensstil wie sie zu führen? In einem riesen Loft zu wohnen und von einem Schälchen Acai Bowl am Tag zu leben? Täglich ins Fitnessstudio zu pilgern und teure Designerstücke zu bewerben? Schließlich muss ja irgendwer diese Produkte produzieren und ein anderer muss sie im Geschäft verkaufen. Deshalb meine nächste Frage: Ist das nicht realitätsfremd? Oder ist das bloß eine Verklärung? Wie gesagt, ich finde Influencer an sich unterhaltsam und informativ, ich bitte, mich nicht falsch zu verstehen. Trotzdem möchte ich dazu raten, am Boden zu bleiben. Das gilt für alle Parteien. Denn was da vermittelt wird ist nicht das echte Leben (auch wenn einige wenige vielleicht wirklich so leben und empfinden). Und ich frage mich mittlerweile immer mehr, wer frei ist und wer professionell gebrieft wird und bei einer Agentur unter Vertrag steht. Die Videos vieler YouTuber sind dermaßen gut produziert, dass ich mir denke: Haben die sich irgendwo angehängt oder buchen alle einfach nur dieselben paar Cutter[10]?

Doch zurück zum eigentlichen Thema, der Diskriminierung. Irgendwie habe ich den Eindruck, dass es heute schon fast dazu gehört, als Person des öffentlichen Lebens in sozialen Netzwerken, neuen sowie alten Medien diffamiert und beleidigt zu werden. Auf den folgenden Seiten möchte ich einige Beispiele anführen, bei denen es nicht darum geht, dass sie sich gegenseitig an Grausamkeit überbieten. Nein, ich will einfach veranschaulichen, was ich über die Jahre so mitbekommen habe und wie Influencer mit gerechtfertigter oder ungerechtfertigter Kritik umgehen. Es ist auch nicht so, dass immer gleich Existenzen zerstört werden, wenn eine Beleidigung fällt. Häufig spielt sich so etwas auf einer subtileren Ebene ab. Ich möchte auch betonen, dass nicht jede Kritik gleich ein Hass-Posting ist. Dennoch merken wir, wenn wir eine gewisse Grenze überschreiten, um unser Gegenüber zu verletzen oder zu demütigen.

**Chiara Ferragni**

Die mit Abstand berühmteste Influencerin ist Chiara Ferragni. Allein auf Instagram folgen ihr rund zwanzig Millionen User, was in etwa der achtfachen Reichweite von ProSieben entspricht. Die schöne Ita-

10   Cutter sind zuständig für den Videoschnitt

lienerin begann ganz klassisch mit einem kleinen Fashion-Blog namens »The Blonde Salad« und ist heute Mode-Designerin und internationales Topmodel. Zudem weiß sie ihr Leben optimal für Social Media zu inszenieren. Bestimmt steckt dahinter ein gewisser Drang nach Bestätigung, aber es ist eben ihr Job und den macht sie gerne und gut. Ihre Fotos sind perfekt produziert, richtige kleine Kunstwerke. Instagram ist ja durchaus ein Ort der Ästhetik, wenn man so möchte. Auch sie verdient übrigens eine Menge Geld mit Produktwerbung. Ihr Mann (ein bekannter Rapper) steht bei dem, was sie tut, voll hinter ihr und das gemeinsame Baby ist schon jetzt am besten Weg, selbst ein kleiner Instagram-Star zu werden.

In einigen ihrer Videos berichtet Ferragni jedoch davon, dass sie sich seit Beginn ihrer Karriere mit Cyber-Attacken konfrontiert sah. Die Kritik an ihr ist zumeist sexuell konnotiert, was bei weiblichen Celebrities ja häufig der Fall ist. Leider gibt es noch immer genügend Männer, die mit dem neu entwickelten Selbstbewusstsein der Frauen nicht umgehen können. In ihren Köpfen ist es wohl so, dass wir zu Hause an den Herd gehören, uns um die Kinder kümmern, nicht darüber reden und in Putzlumpen den Parkettboden wischen. Ferragni postet ja nicht nur private Familienbilder von sich, sondern auch jede Menge Fashion-Fotos. Und wie jedes Model, verkörpert sie dabei gewisse weibliche Rollenbilder. Warum sollte man sie dafür anfeinden? Ich kann mir vorstellen, wie schlimm es für sie sein muss, laufend beleidigende und ungerechtfertigte Kritik zu erhalten. Es ist doch ihr Leben und das soll sie so gestalten, wie sie will. Man sieht ja, dass sie es genießt. Sie ist glücklich und tut keinem was zuleide. Ich empfinde es als gemein und hinterhältig, fast wie einen Überfall, wenn man sie für das kritisiert, was sie aus ihrem Innersten von sich preisgibt. Das macht natürlich etwas mit ihr und das bringt Ferragni in ihren Videos auch zum Ausdruck. Es kränkt sie, es schwächt ihr Immunsystem, es macht sie fertig. Deshalb zählen Mobbing und Bullying für mich auch zu Körperverletzungen. Ich habe das Gefühl, dass ihre Kritiker sie von Instagram verjagen wollen, was sie aber unter keinen Umständen zulassen darf. Mittlerweile hat sie wohl gelernt, mit diesem Neid und der Missgunst umzugehen. Ich würde ihr dennoch raten, sich auch abseits des Internets und vor allem abseits von Instagram einen sicheren Rückzugsort zu schaffen.

**Vanessa Stanat**
Das deutsche Model Vanessa Stanat steht noch ganz am Anfang ihrer Karriere. Berühmtheit erlangte sie durch die vierzehnte Staffel von Germany's Next Topmodel, als sie als Finalistin vor der letzten Sen-

dung freiwillig ausstieg. Laut Medienberichten tat sie das, um aus dem Vertrag mit ONEeins fab Management (der Firma von Heidi Klums Vater) herauszukommen. Selbstverständlich war das nicht so einfach und es kam, wie es kommen musste – zu einem Content-Streit um jene Fotos, die von Stanat im Zuge der Sendung gemacht wurden. Aufgrund des Vertragsbruchs musste sie nämlich unter anderem ihren GNTM-Instagram-Account aufgeben, alles Bildmaterial miteingeschlossen.

Obwohl Stanat rechtlich im Unrecht ist, bin ich doch auf ihrer Seite. Ich halte nichts von Knebelverträgen und ich finde es ungerecht, dass man junge Frauen wie sie einfach ins Verderben rennen lässt. Frei nach dem Motto: Du hast doch eh gewusst, worauf du dich einlässt! Im Leben ist es nun mal so, dass man nicht alles im Vorhinein abschätzen kann. Ich folge Stanat auf Instagram und habe bemerkt, dass viele Mitleid mit ihr hatten und ihr Mut zusprachen. Natürlich, es gab auch Beleidigungen und fiese Unterstellungen. Das waren vielleicht Leute, die sich die Sendung ansahen und darüber freuten, dass ihr Hassobjekt endlich weg war, weil sie Fans einer anderen Kandidatin waren.

Trotz des Streits mit den Klums und trotz der Anfeindungen im Internet hat Stanat mittlerweile mehr Instagram-Follower als ihr alter GNTM-Account und es werden immer mehr. Dabei hätte ich es nur für gerecht empfunden, wenn sie die Fans ihres Show-Accounts behalten hätte dürfen. Schließlich ist sie es ja, die sich auf den Fotos zeigt und Likes generierte. Sie ist hübsch und macht gute Posen und nun verfügt sie nicht mehr über ihre Inhalte. Es schmerzt sie, da sie dies als Teil ihres Lebens ansieht, was ja auch stimmt. Trotz aller Sympathie, muss man auf der anderen Seite aber auch die Model-Agentur verstehen. Allein durch ihren Aufwand und durch ihre Infrastruktur geben die Klums noch unbekannten Models die Chance, ganz nach oben zu kommen. Außerdem: Wenn ich in einem Hotel arbeite und kündige, kann ich auch keine Tischdeckchen und Putzmittel mitnehmen, oder? Warum das mediale Interesse an diesem Fall so groß war, hat vermutlich andere Gründe, die mit der Intransparenz der Sendung zu tun haben – ein Umstand, der immer wieder Thema unter den Zusehern ist.

## Enissa Amani

Enissa Amani spaltet mit einer radikalen Haltung und ihrer rustikalen Ausdrucksweise die Geister. Einerseits ist sie eine provokante Persönlichkeit, zum anderen wird sie als Deutsch-Iranerin häufig Opfer rassistischer sowie sexistischer Anfeindungen, auf welche sie prompt in Form von Beschimpfungen und

Beleidigungen reagiert. Wird sie in Interviews darauf angesprochen, meint sie, dass sie jedes Mal aufs Neue so und nicht anders handeln würde, selbst wenn sie damit so manche Klage auf sich zieht. Das ist ihr eben wichtig und alles in allem merkt man, dass sie einen sozialen Auftrag verfolgt.

Als Comedian und Moderatorin würde ich Amani nicht als klassische Bloggerin bezeichnen. Und im Gegensatz zu anderen Influencern ist sie auch auf Twitter äußerst aktiv, wo sie gern mal für den ein oder anderen Aufreger sorgt. Befürworter verteidigen ihre Wortwahl mit der Begründung, dass nachweislich rechtsgerichtete Politiker rassistische Volksverhetzung betreiben und ihnen daher zu Recht mit Beschimpfungen begegnet werden darf. Sie ist ein gutes Beispiel dafür, dass nicht in jedem Fall klar ersichtlich ist, wer in einer Debatte nun den ersten Stein im Glashaus geworfen hat.

### Cathy Hummels

Wie wir wissen, sind Influencer beliebte Werbeträger. Das gilt auch für Cathy Hummels, Ehefrau des deutschen Fußballers Mats Hummels. Im Frühjahr 2019 musste sie sich vor Gericht verantworten, da ihr in einigen ihrer Instagram-Beiträgen Schleichwerbung vorgeworfen wurde. Zwar wies man der Influencerin nach, gewisse Produkte mit den jeweiligen Herstellern verlinkt zu haben, weil dabei aber kein Geld floss, wurde die Klage abgewiesen. Außerdem: »Informierte Internetnutzer wüssten, dass Hummels mit ihrem Instagram-Profil kommerzielle Interessen verfolge. Insofern handele es sich auch nicht um unlautere Werbung«, so das Urteil laut Spiegel[11].

Die Kennzeichnung von Werbung in sozialen Medien ist immer häufiger ein Grund für Streitigkeiten, die nicht selten vor Gericht enden. Geklagt wurde Hummels übrigens vom »Verband Sozialer Wettbewerb«, welcher gezielt gegen Influencer (unter anderem auch gegen Pamela Reif) vor Gericht zieht[12]. Einige vermuten, dass es sich dabei um eine Gruppe handelt, die mit dem Unwissen der Richter Geld zu machen versucht, indem sie mit teilweise absurden (dennoch haltbaren) Anschuldigungen Prozesse anzetteln. Fälle wie dieser sind meiner Meinung nach somit umso wichtiger, wenn es darum geht, die Rechtslage an die Technologien des Internets anzupassen. Wir brauchen Gesetze, die all das eindeutig regeln.

11  www.spiegel.de/wirtschaft/unternehmen/influencer-gesetz-soll-grenzen-der-werbung-fuer-markenbotschafter-definieren-a-1271928.html
12  www.welt.de/icon/partnerschaft/article188777277/Gegen-Influencer-Die-Abmahn-Masche-des-Verbands-Sozialer-Wettbewerb.html

**Nadine Breitenstein**

Wer mich kennt, weiß, dass ich ein Faible für Astrologie habe. Ich könnte mich stundenlang im Lesen und Deuten von Sternenkonstellationen verlieren. Überhaupt finde ich das Thema Spiritualität sehr spannend, auch wenn ich mich nicht unbedingt als Esoterikerin sehe.

Ich verfolge schon seit längerem den Online-Auftritt der Kartenlegerin Nadine Breitenstein, die auf ihren Kanälen spirituelle Lebensberatung anbietet. Eine souveräne und abgeklärte Frau, wie ich finde. Als sie eines Tages beim wöchentlichen Liebesorakel jedoch völlig überraschend knapp eine Stunde lang darüber sprach, wie übel ihr Cyberneider mit einer Hetzkampagne mitspielen würden, machte mich das enorm betroffen. Ihr wurde ja schon einmal eine Geschäftsidee gestohlen und dann behauptet, sie selbst wäre die eigentliche Betrügerin gewesen. Und nun ist sie das Opfer einer ganzen Verleumdungswelle, deren Ziel es ist, sie beruflich zu schädigen und zu demontieren. Aber alles der Reihe nach: Einige »spirituelle Berater«, wie Breitenstein sie nennt (und die auch auf Facebook und YouTube aktiv sind), unterstellen ihr, von ihrem Anwalt abgemahnt worden zu sein. Die Kartenlegerin behaupte demnach, dass sie ihre Produkte (wie Kartensets) plagiieren und widerrechtlich verwenden würden. Ihr wird zudem unterstellt, die Karrieren ihrer Konkurrenten gezielt zu sabotieren. Indes verbreiten ihre Gegner laufend frei erfundenen Fake-Content im Internet, der besagt, dass Breitenstein wahllos Leute verklagen würde, die mit ihren Produkten arbeiten. Ihren Recherchen zufolge sind diese zehn bis zwölf Berater lediglich miese Betrüger, die sie ungeniert schädigen wollen. Wirklich schlimm ist, dass Breitenstein ohne die Be- und Hinweise ihrer Fans gar nicht gemerkt hätte, was da hinter ihrem Rücken abläuft. Sie wurde dadurch in ein schiefes Licht gerückt, ganz egal, wie die Sache letztlich ausgeht. Da ich ihr wie gesagt aber schon lange folge, bin ich mir sicher, dass sie hier das Opfer und nicht die Täterin ist. Ich finde es einfach arg, dass sie als erfolgreiche Unternehmerin solchen Kriminellen ausgesetzt ist, die möglichst viele Kunden betrügen, um hohe Geldbeträge zu prellen. Da ist es meiner Meinung nach nur recht und billig, wenn Breitenstein gegen diese skrupellosen und dubiosen Menschen rechtlich vorgeht.

**Armin Wolf**

Als provokant und abgeklärt würde ich übrigens auch ORF-Anchorman Armin Wolf bezeichnen. Auf Twitter steuert er geradewegs auf die Halbe-Million-Follower-Grenze zu und liegt damit sogar vor Sebastian Kurz. Er ist ein wahrer Superstar in Österreichs Social Media, obwohl vermutlich nicht alle seiner Abonnenten auch wirklich Fans von ihm sind. Er ist eben gut informiert, sehr gut sogar, und das gefällt den Leuten. Zwar mögen seine Methoden der Berichterstattung oftmals die Geister scheiden (zudem macht er es einem auch nicht immer leicht, ihn zu mögen), alles in allem ist er aber eine wichtige und prägende Figur in der hiesigen Presselandschaft. Ich denke, dass Twitter für ihn das ideale Medium ist, da er so permanent uneingeschränkten Zugang sowohl zum lokalen als auch zum Weltgeschehen hat.

Auch wenn Wolf mit so ziemlich allen Wassern gewaschen ist, musste er in seiner beruflichen Laufbahn schon für Vieles herhalten. Häufig kommt die Kritik an seiner Person aus dem rechten Eck, wo man ihn als Teil der »Lügenpresse« abtut. Jörg Haider bezeichnete ihn einst als »Linkslinken«, was vermutlich bis heute Spuren in so manchen Wählerköpfen hinterlassen hat. Denn als links würde ich Wolf nicht unbedingt einordnen. Auch ganz tiefe, geschmacklose, antisemitische Beleidigungen gingen schon an seine Adresse, obwohl er meines Wissens gar nicht dem Judentum zugehörig ist. Wolf ist immer schon jemand gewesen, der aneckt und polarisiert. Ein unangenehmer Aufdecker, den man nur allzu oft versucht, mundtot zu machen. Jedoch ohne Erfolg – nicht zuletzt dank Twitter.

**Marvyn Magnificent**

Wenn es ums Polarisieren geht, möchte ich den You-Tube-Channel von Marvyn Magnificent nicht unerwähnt lassen. Der Influencer mit rund einer Million Abonnenten lebt abwechselnd in Deutschland und den Vereinigten Staaten und sieht sich weder als Mann noch als Frau. Darum geht es auch in seinen Videos, wo sich überhaupt alles um Gender, Akzeptanz und Beauty dreht. Marvyns Content ist witzig und regt dennoch zum Nachdenken an. Leider wird er dafür regelmäßig angegriffen – online, aber auch im echten Leben, wie er selbst berichtet. Auch das behandelt er in seinen Videos, was mir gefällt, da ich ja der Meinung bin, dass man durchs Reden und Aufmerksam machen anderen helfen kann. Wenn Marvyn üble, sexistische Kommentare erhält, versucht er, darüber zu stehen und sich nicht beirren zu lassen. Ich finde gut, was er macht, da er authentisch ist. Er lebt sein Leben und ist, wie er sein möchte – einfach magnificent.

**Diana zur Löwen**

Ein Beispiel für konstruktive Kritik anstelle eines Shitstorms bezieht sich auf einen Videobeitrag der YouTuberin Diana zur Löwen. In diesem Clip bewarb die Influencerin eine Eliteuniversität in Italien, woraufhin sie von ihren Followern scharf kritisiert wurde. Man warf ihr vor, zu vermitteln, dass sich jeder einen so tollen Lifestyle wie sie leisten könnte. Was ja irgendwo auch diskriminierend gegenüber ihren ärmeren Fans ist. Zugegeben kam Diana im Video wirklich etwas selbstverliebt und arrogant rüber. Auf der anderen Seite verstehe ich sie aber auch, denn ihr ist es eben wichtig, sich für ihren Lebensstil einzusetzen. Im nächsten Video stellte sie sich jedenfalls der Kritik und entschuldigte sich öffentlich. Sie bedauerte, dass nicht jeder Zuseher ihrer Meinung sein könnte, ohne dabei irgendwem Vorwürfe zu machen. Auch in diesem Fall war die Kommentarfunktion ein Mittel des Dialogs, das fair und fachgerecht genutzt wurde.

Natürlich gäbe es noch unzählige Personen und Geschichten, die ich hier aufzählen könnte, zum Beispiel jene von Lena Meyer-Landrut, Kristen Stewart oder Kim Kardashian. Aber ich denke, dass diese Auswahl reicht, um zu zeigen, was ich meine. Und auch wenn sie ein ständiger Gefahrenherd ist, so ist die Kommentarleiste dennoch das wohl wichtigste Tool eines jeden Influencers. Was nicht bedeutet, dass es nicht auch Situationen gibt, in denen darauf verzichtet wird. Auf YouTube bleibt es einem selbst überlassen, ob das hochgeladene Video von anderen Nutzern kommentiert werden kann oder nicht.

Möchte man also mal kein Feedback, erhält man auch keines. In der Regel nutzen Influencer diesen Kommunikationskanal natürlich gerne und ausgiebig. Sie reagieren auf Feedback, geben Tipps oder machen Werbung, wobei Themen wie der Alltag und das Leben von zentraler Bedeutung sind. Da Content ein kostbares Gut ist und in rauen Mengen benötigt wird, gibt es auch viel an Live-Inhalten, die angeboten werden, wie: Ich gehe zum Friseur und mache davor eine Abstimmung. Entscheidet bitte, ob es kurz, dunkel, blond oder ein Pony werden soll! Der Fan wird so gezielt in die Entscheidung miteingebunden und dazu animiert, aktiv zu werden, indem er ein Kommentar hinterlässt. Und noch eines, wenn ihm die neue Frisur gefällt.

Ich persönlich finde es gut und richtig, die Kommentarfunktion in seine Postings miteinzubinden. Wenn ich schon Content von mir preisgebe, dann will ich auch Feedback erhalten, das vielleicht ein bisschen mehr ist als nur ein Like. Außerdem macht dies Social Media erst wirklich »sozial«. Zuweilen wird die Kommentarleiste aber auch missbraucht und kann so schnell zum Schmutzkübel werden. Es ist nämlich eine Sache, ob ich einem YouTuber folge und er fragt: Soll ich nächste Woche einen Töpferkurs besuchen? Wollt ihr das als Vlog sehen? Und ich schreibe: Ja. Oder: Nein, mir wäre ein Katzenvideo lieber.

Das ist ja im Rahmen, nicht aber, wenn man schreibt: Mein Gott, bist du hässlich! Oder: Geh' mal arbeiten! Das hat doch nichts mit dem Thema zu tun und sorgt nur für Unmut. Ich kann einfach nicht nachvollziehen, was es Leuten bringt, wenn sie andere derartig beleidigen und ihnen die Stimmung vermiesen.

## Royals

Die britischen Royals haben das Leben in der Öffentlichkeit perfektioniert. Ich verfolge sie mit großem Interesse quer durch die internationale Medienlandschaft und muss sagen, dass sie sich sensationell vermarkten. Jeder, der schon mal in Großbritannien war, kennt vermutlich all die T-Shirts, Hütchen, Teetassen und sonstigen Gimmicks, die einem dort an jeder Straßenecke nachgeworfen werden. Und auch in der Presse vergeht kein Tag, an dem sie nicht Thema wären. Die Windsors sind heute populärer als jemals zuvor und jedes Mitglied der königlichen Familie hat seine eigene Fangemeinschaft. Das macht sich natürlich auch in den sozialen Medien bemerkbar, wo ihnen Millionen von Menschen auf der ganzen Welt folgen.

Dass auch die Royals ihre Cyberneider haben, zeigt eine der Schattenseiten des Ruhms. Innerhalb der letzten Jahre kam es vermehrt zu öffentlichen Anfeindungen, die oft sehr tief unter die Gürtellinie gingen, allen voran gegen die Herzoginnen Catherine und Meghan. Besonders letztere steht unablässig im Fokus ihrer Kritiker. Die ehemalige Schauspielerin (bekannt aus der TV-Serie »Suits«) ist die Gattin von Prinz Harry und Herzogin von Sussex. Sie hatte von Anfang an einen schweren Stand. Als Kalifornierin mit afro-amerikanischen Wurzeln im Hause Windsor ist Meghan für viele ein gefundenes Fressen, wobei sie allerdings auch nicht müde wird, von einem Fettnäpfchen ins nächste zu treten. Sie provoziert gerne und hält nicht viel von der königlichen Etikette, was wiederum Balsam für die Seele der englischen Boulevardpresse ist.

Was mir in Verbindung mit Meghan auffällt, ist, dass die Leute glauben, sie sei reich und habe ausgesorgt. Das kenne ich von mir − und schon wird man anders behandelt. Man meint, nicht mehr freundlich zu dir sein zu müssen, weil du dir sowieso leisten kannst, was du willst. Dieses Verhalten lässt einen vereinsamen (wobei ich ja eigentlich gern allein und für mich bin). Ich persönlich habe ja immer versucht, Hasspostings und Shitstorms so gut wie möglich von mir fernzuhalten. Dennoch nimmt man sie wahr. Und so ein Shitstorm kann in etlichen Formen auftreten. Er kann zum Beispiel Kritik auf eine Aktion sein oder, wie im Falle Meghans, eine gezielte Schmutzkübelkampagne. Die wird ja nicht gemobbt, weil sie irgendetwas Schlimmes getan hat. Das waren doch alles Mätzchen, Kleinigkeiten. Sie wird gemobbt, weil sie einfach Rachel Meghan Markle aus Los Angeles ist. Sie ist keine Drogenabhängige oder Kriminelle, von der man sagt, in ihrer Vergangenheit wäre etwas schiefgelaufen, sodass man sie nicht im Königshaus haben will. Nein, Prinz Harry und sie sind glücklich und das ist doch das einzige, was zählt. Ist doch egal, ob sie schlechte Fotos auf Instagram hochlädt oder in Jeans nach Wimbledon kommt. Das ständige Mobbing wird ihr vermutlich auch während der Schwangerschaft zugesetzt haben, doch daran denken ihre Feinde nicht. Sie ist ein normaler, relativ durchschnittlicher Mensch, so wie die meisten von uns und somit um nichts besser oder schlechter.

2019 beschloss das britische Königshaus, selbst gegen die mittlerweile unzumutbaren Missstände in den neuen Medien vorzugehen, indem sie auf ihrer offiziellen Webpräsenz die königlichen Social Media Community Guidelines[13] veröffentlichten. Die besagen, dass sich die Familie im Falle von Diffamierung oder sonstiger Diskriminierung das Recht vorbehält, gegen die betreffenden Personen intern oder gar rechtlich vorzugehen. Ich kann das wirklich nur befürworten, denn irgendwo muss einmal Schluss

13  www.royal.uk/social-media-community-guidelines

sein und es wurden ja ohnehin schon viel zu viele Grenzen überschritten. Glücklicherweise wird so die Kritik an Meghan künftig eingeschränkt und sie hat zudem ihren Kreis, der sie schützt.

## Werbung

Das World Wide Web ist der mit Abstand größte Umschlagplatz der Welt. Ein farbenfroher, virtueller Marktplatz, wenn man so möchte, voll von Big Data, Bildung, Entertainment, Glücksspiel, Versandhändlern, Dating-Portalen und, und, und. Alles ist miteinander verknüpft, wobei die neuen Medien das Zünglein an der Waage spielen. Es wird überall und jederzeit mit allem und jedem geworben. Klicks, Affiliates, Spots, Banner, Pop-Ups sind nur wenige Technologien von vielen, die über die Jahre im Internet Fuß fassen konnten. Einerseits schaffen wir es kaum, uns vor Reklame zu retten, andererseits kriegen wir häufig gar nicht mit, wie uns Firmen mit aufwändigen Algorithmen geschickt manipulieren. Kein Wunder, ist Werbung doch seit jeher darauf bedacht, Aufmerksamkeit zu erzeugen, uns zu ködern und psychologisch auszutricksen. Mir geistern heute noch Werbe-Jingles von vor fünfundzwanzig Jahren im Kopf herum, die Macher scheinen damals ihre Arbeit also richtig gemacht zu haben.

Das Internet kommt schon lange nicht mehr ohne Werbung aus, wobei jeder von uns seine eigenen Filter entwickelt hat (ja, Adblocker gibt es natürlich auch), mit denen wir wie mit Scheuklappen im Internet surfen. Websites, Portale und Contentlieferanten kosten Geld und das spielt sich am leichtesten durch Werbung ein. Das Internet ist nun mal kein Gratisdienst, schließlich sind Milliarden von Existenzen von ihm abhängig. Täglich werden Unmengen an User-Daten generiert, gespeichert, analysiert, aufbereitet und verkauft. Trotzdem will das mit der personalisierten Werbung irgendwie nicht klappen, zumindest bei mir nicht.

Ich nehme einmal an, dass mich die größten Plattformen bereits als Frau identifiziert haben. Gut, das kann allerdings nicht das einzige Kriterium dafür sein, was die Auswahl der auf mich zugeschnittenen Werbung betrifft. Nur weil ich eine Frau bin, bedeutet das nämlich nicht gleich, dass ich mich auch für Beauty-, Bade- oder Baby-Artikel interessiere. Oder für Mode – was habe ich mit Victoria's Secret am Hut? Immerzu stoße ich auf Windeln, Unterwäsche, Parfüms, FPÖ-Werbungen, rosa Designermöbel und was weiß ich alles. Früher bekam ich sogar Werbespots von Husqvarna eingespielt, genauer für ihre Kettensägen. Das hörte aber auf, als YouTube irgendwann merkte, dass sich das wohl doch nicht mit meinen Interessen deckt. Ich finde es überaus diskriminierend, ständig mit Werbungen für Frauenartikel bombardiert zu werden. Das wird wohl auch den Männern mit Männerartikeln nicht anders gehen.

Mich stört es, wenn ich als Frau in eine bestimmte Schiene gedrängt werde. Klar stehe ich eher dahinter, wenn ich einen BH empfehle als einen Zahnschutz fürs Boxen. Ich finde es auch vollkommen legitim, dass in etlichen Vlogs und Blogs über Menstruation philosophiert wird. Das ist eben ein Thema, das uns berührt. Aber diese Beauty-Schiene mit Make-Up, Lidschatten, Highlighter-Paletten und Reviews von irgendwelchen neuen Kollektionen – ich finde, dass das schon einen Anteil daran hat, dass wir Frauen in einer bestimmten Rolle festgehalten werden. Wie viele würden glücklich sein, wenn sie sich die Haare zurückbinden und eine Packung Chips aufreißen könnten, um gemütlich fernzusehen. Nein. Was machen sie stattdessen? Werbung für Netflix, Make-Up oder Luxushotels.

Andere leben uns vor, wie wir zu sein haben, was wir blind übernehmen und nachahmen. Aus eigener Erfahrung kann ich jedoch sagen, dass niemand im Alltag aufgeklebte Eyelashes möchte, die brennen nämlich wie verrückt und den Klebstoff kriegt man auch nicht ordentlich ab. Und das ist ganz sicher nicht, was uns Frauen ausmacht! Warum sich das so viele dann antun? Ganz einfach, sie möchten den Männern gefallen. Es wird zwar kolportiert, dass man sich ohne Nagellack und Make-Up aus dem Haus trauen kann. In Wahrheit aber wirst du regelrecht dazu gezwungen, dich herzurichten. Wenn die Männer dich toll finden sollen und du sexy sein willst, dann musst du eben optisch etwas aus dir machen. Instagram und YouTube sind einfach perfekt, um sich von anderen leiten zu lassen, die letzten Endes doch unerreichbar scheinen.

Ich frage mich, was es mit Kindern macht, wenn sie sich Live-Tutorials von zehn Jahre älteren Jugendlichen reinziehen. Oder wenn ich mir als zwölfjähriger Bub Beiträge anschaue, wie man Frauen klarmacht und Unmengen an Geld verdient. Werde ich dadurch nicht in eine völlig falsche Richtung gelenkt? Vielleicht schäme ich mich danach für mich selbst. Wer weiß? Und auch als Mädchen ist es verstörend, wenn ich mir »Expertinnen« in meinem Alter anhöre, die meinen: Zieh das für ihn an, back ihm einen Kuchen, massier ihm den Rücken. Warum heißt es nicht: Lass dir den Rücken massieren? Sag ihm, er soll sich was Nettes anziehen. Oder zieht doch gemeinsam etwas Nettes an. Im Internet neigen wir dazu, schnell mal Menschen zu vertrauen, die auf den ersten Blick professionell wirken. Dass bei den meisten aber nur wenig dahinter ist, verinnerlichen wir erst mit der Zeit. Ich sage immer, das Internet ist alles andere als ein sicherer Ort.

Was mich enorm aufregt und was ich extrem sexistisch finde, sind diese schmierigen Online-Coaches, die Männern »Tipps« geben, wie sie am besten Frauen rumkriegen. Warum kann ein Mann nicht einfach so sein, wie er ist? Das ist es nämlich, was Frauen wirklich wollen. Ratschläge wie »Mach das«, »Lade sie ein«, »Melde dich nicht, sie muss dir nachrennen« basieren nicht auf gegenseitigem Respekt. Dabei sind ja viele Coaches, Influencer und Blogger selbst Opfer des Spiels der großen Konzerne. Unzählige von ihnen fingen mit Beauty-Blogging an, einfach, weil sie wussten, dass sie dadurch Follower erhalten. Leider sehen sie nur das große Geld. Und andere wiederum, die in Richtung Dekoration oder DIY gehen, kommen auch nicht umhin, regelmäßig Hauls und Reviews zu posten. Egal, was sie tun, ob sie sich schminken oder kochen, fast alle halten irgendwann die Naked Palette oder das Suppengewürz in die Kamera, weil ihnen diese Produkte zu Werbezwecken zugeschickt wurden. Und letztlich verdienen sie damit ihr Geld.

Ich denke, dass man in dieses System schnell hineinrutscht. Man verinnerlicht es und wird ein Teil davon, sodass man selbst dann Produkte vorstellt, wenn man gar nicht dafür bezahlt wird. Vielmehr als gekennzeichnete oder nicht gekennzeichnete Reklame interessiert mich allerdings die Rolle der Frau in der Werbung, ein Thema, das mich schon lange beschäftigt. Ich glaube ja, dass durch die Säkularisierung im neunzehnten und zwanzigsten Jahrhundert ein gewisses Maß an Sexismus verloren ging. Das dabei entstandene Vakuum wurde jedoch durch die Werbe- und Medienbranche umgehend wieder aufgefüllt. Die neuen, modernen Rollenbilder Ende der fünfziger und Anfang der sechziger Jahre sind dann aus ökonomischen Gründen heraus entstanden. Frauen wurden langsam selbständiger, wobei sie nur selten die Möglichkeit hatten, im Management einer bedeutenden Firma zu arbeiten. Eher waren sie Sekretärinnen oder posierten als Mädchen für Fertiggerichte im Fernsehen. Oder sie kamen als Popsängerinnen groß heraus, denn als Politikerinnen hatten sie damals keine großen Chancen. Als Frau im Minirock mit piepsiger Stimme zu singen, bot da finanziell bestimmt bessere Aussichten.

Doch hat sich seither wirklich so viel verändert? Unternehmen wie Zalando bedienen in ihren Werbungen bewusst Klischees und Rollenbilder, die sie überspitzt darstellen. Ich finde das ist auch in Ordnung, denn ein bisschen Satire muss erlaubt sein. Und man darf auch nicht vergessen, dass viele Kunden auf eine kleine sexuelle Komponente in der Werbung anspringen – einfach, weil es ihnen gefällt. Ich denke da an Ferrero Rocher mit Jan Josef Liefers, wo alles ganz aufregend ist und man sich schön in die Abendrobe schmeißt. Oder an die fragwürdigen Werbungen von True Fruits. Da tut sich mir aber irgendwann die Frage auf: Was haben diese Werbungen mit ihren Produkten gemein? Eigentlich geht es ja um Getränke und Schokolade. Natürlich, wenn wir mit sexuell motivierten Bildern auf YouTube oder Amazon konfrontiert werden, weckt das unsere Begierden, Wünsche und Sehnsüchte, wodurch wir diese Produkte wohl eher kaufen.

Meiner Meinung nach trägt YouTube durchaus dazu bei, gewisse Stereotype zu verbreiten. Vor so gut wie jedem Video, das ich mir ansehe, werden im Vorspann Werbungen für Online-Shopping oder Wellnesswochenenden eingespielt. Und männliche Bekannte erzählen mir, sie würden ständig Werbungen von Self-Made-Millionären sehen, die ein ganz bestimmtes Klischee bedienen: Maßanzug, Designerbrille, teure Schuhe, edle Uhr. Die rufen dann: Frauen! Häuser! Jachten! Das alles kann ich mir leisten und das kannst auch du haben. Geh jetzt auf meine Website und hol dir das erste Coaching gratis. Ich wiederhole: Gratis! Und wenn du nicht dabei bist, dann tut es mir leid für dich! Oft heißt es auch: Hol dir Aktienpakete, leas dir einen Porsche, kauf dir eine Villa! Den Männern wird vermittelt, dass sie Geld verdienen müssen, um Frauen zu erobern, um sich dieses und jenes technische Equipment zu leisten und auch, dass sie ihre Körper trainieren sollen. Es ist ja eine schöne Sache, zu trainieren. Aber wenn für dich am Ende nur noch Trainingseinheiten und Fitness-Supplements zählen, ist das schon ein Missbrauch am Mann. Die armen Kerle stopfen lauter ungesunde Sachen in sich hinein oder kaufen teure Tabletten und Eiweißshakes. So wie diese Tabletten, die Frauen nehmen, damit sie schönere Augen kriegen. Ja, die gibt es wirklich. Genauso wie Prostatawerbungen für junge Männer – Hauptsache, du gibst dein Geld aus. Das ist meiner Meinung nach Wucher durch Angstmache und Veräppelung.

Ich finde auch, dass Google-Bewertungen die öffentliche Diffamierung aktiv unterstützen. Ging man früher enttäuscht aus einem Geschäft, so nahm man sich vor, dort nicht mehr hinzugehen. Man stieg ins Auto, biss womöglich noch ins Lenkrad, fuhr weg und das war's. Heute setzt man sich ins Auto und postet im Affekt gleich mal einen Roman darüber, wie mies die Verkäuferin war, dass sie angezeigt gehört und was man am liebsten alles mit ihr anstellen würde. Dass dies ernsthafte Konsequenzen für die Verkäuferin und auch für den Verfasser des Postings haben könnte, interessiert diesen in dem Moment nicht.

Facebook wurde 2018 übrigens sogar wegen diskriminierender Werbung verklagt. Dem Unternehmen wurde nachgewiesen, Kunden rassistische Werbefilter angeboten zu haben, in denen zum Beispiel Juden oder Afroamerikaner am Wohnungsmarkt als Zielgruppen ausgeschlossen werden konnten. In den USA gibt es ja Gegenden, wo gewisse Religionsgemeinschaften vorherrschen und da wäre es natürlich praktisch, wenn Mormonen Immobilien in der Nähe anderer Mormonen vorgeschlagen werden. Nein, im Ernst: Filter hinsichtlich Religion und Herkunft, egal ob am Immobilienmarkt oder sonst wo sind eindeutig rassistische Tools. Da war es nur gut, dass die rasch wieder entfernt wurden. Insgesamt waren es mehr als fünftausend Filter und Kategorien, die auf Anweisung der Behörden gelöscht werden mussten, was für mich bedeutet, dass da seitens Facebook schon ein gewisses Kalkül dahintersteckte. Zwar wurde nichts explizit Illegales getan, dennoch könnte dieses Verhalten als sittenwidrig eingestuft werden. Denn in der amerikanischen Verfassung steht ja, dass alle Staatsbürger gleichgestellt sind, was hier jedoch eindeutig nicht der Fall war.

Nicht sittenwidrig, aber trotzdem umstritten, war ein Hornbach-Werbespot mit dem Namen »So riecht das Frühjahr«. Aufgrund der teils heftigen Kritik wurde er später wieder aus dem Netz genommen, dennoch möchte ich hier kurz darauf eingehen. Der Spot war durchzogen von Anspielungen, eine einzige Satire. Die Herangehensweise erinnerte mich ein wenig an den »Axe-Effekt«. Nur, dass bei Axe Geruch mit etwas Angenehmen und weniger Strengem assoziiert wird, wie mit tropischen Früchten oder so. Aber Schweiß? Das ist grausig! Ich finde es ungustiös, wenn ein Kerl seine verschwitzte Wampe[14] in die Kamera hält. Gehe ich deshalb lieber zu Hornbach? Wohl kaum. Als Zuseher würde ich mir erwarten, dass der Schauspieler schwitzt, sich abrackert, den Schweiß mit einem Tuch abwischt und stolz meint: Ja, das habe ich erreicht! Doch das kommt nicht, nein, er schwitzt, rackert sich ab, zieht sich Shirt und Unterhose aus, verpackt und vakuumiert sie, was dann nach Asien geschickt wird. Dort kauft schließlich eine Frau eines dieser Pakete per Automat, reißt es auf und schnüffelt zufrieden am Inhalt.

Meine Frage lautet: Wieso thematisiert man so etwas, wenn es um Werkzeuge und Gartenpflege geht? Hätte man eine Biene gezeigt, die mit einer anderen Biene intim wird, von mir aus: So riecht der Frühling. Als rassistisch oder sexistisch empfinde ich diesen

---

14  Als Wampe bezeichnet man umgangssprachlich einen dicken Bauch.

Clip aber nicht unbedingt. Könnte man, wenn man es ganz korrekt nimmt. Vielmehr geht es dabei um Fetischisierung: Etwas Persönliches wird verpackt und weggeschickt, wo es anonym und entmenschlicht beim Konsumenten ankommt – wie so ziemlich alles in unserer Konsumgesellschaft. Und der Schweiß macht das Ganze wieder menschlich. War dieser Spot also ein kritischer? Ganz schlau werde ich daraus leider noch immer nicht.

Ich meine, dass sowohl bei der Vermittlung als auch beim Verständnis von Werbung Obacht geboten ist. Man darf ruhig mal provozieren, wenn etwa ein Abbild der Gesellschaft geschaffen werden soll, keine Frage. Man kann auch Geschlechterrollen überspitzt darstellen, nur darf es eben nicht in eine diskriminierende Richtung gehen. Strenggenommen ist auch die Heineken-Werbung sexistisch, in der Frauen Schuhregale sehen und Männer ein volles Bierregal und alle kreischen und freuen sich. Zudem sind die Männer auch noch Fußballfans. Allerdings sollte man immer die Kirche im Dorf lassen und da hier keines der beiden Geschlechter erniedrigend dargestellt wird, kann ich darüber schmunzeln.

# Sexismus

Wir Menschen verbringen im Schnitt knapp achtzig Jahre auf dieser Welt. In einem so enormen Zeitraum durchlebt jeder von uns mehrere Wellen der Sozialisierung, wobei sich auch der Zeitgeist etliche Male ändert. Mann und Frau (sowie viele andere Konstellationen) leben miteinander, sie helfen einander und finden gemeinsam ihr Glück. Sexismus hingegen trägt zu einer Demoralisierung und zu einer Traumatisierung der Gesellschaft bei, wobei er sich tief in die Gehirne der Menschen einprägt. Er dient dazu, ein ungleiches Machtgefüge künstlich aufrecht zu erhalten.

Manchmal frage ich mich: Würde man anders mit mir umgehen, wenn ich ein Mann wäre? Vermutlich ja. Vielleicht hätten die Cyberneider dann aus meinem Fall eine Art Schwulenfreundschaft zusammengebastelt. Wer weiß? Ich bin mir sicher, dass so oder so die Sexismus-Schiene gefahren worden wäre. Diese Leute können gar nicht anders, sie müssen regelrecht so handeln, weil sie keine Argumente haben und wenn, dann nur sehr schwache. Sie kritisieren, was sie finden, sei es noch so nichtig. Als die sexuelle Komponente bei mir irgendwann nicht mehr ausreichte, bezog man sich eben auf mein Essverhalten.

Es wurden abfällige Bemerkungen über mein Gewicht gemacht. Wie, dass ich immer dicker würde. Dass ich schon als Kind dick war. Dass ich Frustesserin sei. Dahinter steckte nur die Absicht, mich zu demütigen. Egal wie, egal unter welchem Vorwand. Ganz arg war das natürlich, wenn Bezug auf meine Vergangenheit genommen wurde. Man missbrauchte meine Gefangenschaft, um in den Köpfen der Menschen sexistische Bilder zu erzeugen. Da wurden viele tiefe, unreflektierte Bemerkungen hinsichtlich dessen gemacht, was der Entführer mit mir tun hätte sollen oder was er mit mir gemacht haben könnte oder was wohl auch andere gerne mit mir anstellen würden.

Frauen, Jugendliche sowie Mitglieder der LGBTQ-Community sind meiner Meinung nach besonders stark von Online-Sexismus betroffen. Ich habe mich in den letzten Jahren eingehend mit dem Thema beschäftigt und wie überall im Leben, so dreht sich auch hier alles um Macht und deren Ausübung. Ich habe früh bemerkt, dass es einen Unterschied macht, ob ich mich als Frau oder als Mann im Internet bewege. Das betrifft mein Privat- und Berufsleben genauso wie alltägliche Umstände oder Extremsituationen. Mit den ersten sozialen Netzwerken entstanden auch die ersten Online-Communitys. Man kannte sich häufig persönlich, teilte vielleicht gemeinsame

Hobbys und so wurde schon damals diese Distanz übers Internet ausgenutzt, um zwischenmenschliche Grenzen zu überschreiten. Online geht das einfach, zumal es bequem und unverfänglich ist. Denn wenn jemand schreibt: »Hallo! Ist dein Ehemann zu Hause? Ich würde gerne vorbeikommen«, geht das meiner Meinung nach eindeutig ins Sexistische. Denn das Angebot, vorbeizukommen, bezieht sich wohl kaum aufs Kuchen Essen. So etwas schreibt man nicht, um etwas Nettes zu sagen, sondern mit einer Absicht des Anrüchigen. Denn insgeheim weiß er, dass das die Betroffene anekelt. Und das fällt zu Hause, ohne Blickkontakt zu seinem Gegenüber, eben leichter als im Tennisclub. Das ging vor Zeiten des Internets noch nicht.

Unzählige Frauen mussten in ihrem Leben bereits Gewalterfahrungen hinnehmen, sei es verbal oder körperlich. Wenn sie aber dagegen vorgehen, stoßen sie oftmals auf Kritik und Widerstand. Besonders grausam und zutiefst unmenschlich finde ich öffentliche Aufrufe zu Gewalt oder gar zu Vergewaltigungen, was ja auch online geschieht. Da tun sich Männer zusammen, um sich an wehrlosen Frauen zu vergehen. Nicht selten sind es Bürgerrechtlerinnen oder Aktivistinnen, die ausfindig gemacht und überfallen werden. Das kennen wir aus Indien. Doch auch am amerikanischen Doppelkontinent passiert ähnliches, etwa in den USA bei Gruppenvergewaltigungen auf Colleges. Und das wird es leider auch überall sonst auf der Welt geben. Jedoch werden gerade in Indien derartige Übergriffe stark in den Medien oder an der Universität thematisiert. Ich finde es schön, wenn das Internet dann wiederum genutzt wird, um Bilder und Videos von Protestaktionen gegen Gewalt zu veröffentlichen, die all den Widerstand genau dokumentieren und der Welt zeigen.

Die Themen Feminismus und Sexismus sorgen auch in der islamischen Welt für etliche Kontroversen. Immer mehr Frauen stehen auf, um für ihre Rechte zu kämpfen, was auf teils heftige Gegenwehr stößt. Hat jemand zufällig das berüchtigte Frauenschläger-Video auf YouTube gesehen? Dazu fallen mir gleich mehrere Schlagworte ein: Gewalt, Unterdrückung, Diskriminierung, Fanatismus, Radikalisierung. Natürlich gibt es auch in Katar, wo der Macher dieses Clips (der Soziologe Abd Al-Aziz Al-Khazraj Al-Ansari) lebt, genügend Menschen, die dessen Inhalt nicht gutheißen. Allerdings hütet man sich vielleicht davor, Kritik zu üben, aus Angst, dass einem selbst etwas zustoßen könnte. Das sind aber bloß Mutmaßungen meinerseits. In besagtem Video wird jedenfalls vermittelt, dass auf eine bestimmte Art und Weise mit Frauen umgegangen werden soll – nämlich mit Schlägen (vorgeführt wird die Anleitung übrigens an einem kleinen Buben). Es geht darum, die Frau zu disziplinieren, wobei die Hiebe nicht zu fest sein und auch nicht ins Gesicht gehen sollen.

Sinn und Zweck hinter diesem Video ist allein das Demonstrieren von Macht und Unterdrückung. Zum einen bedeutet das für mich, die Frau wird generell entmündigt – ihr wird etwas unterstellt, nämlich Unbotmäßigkeit ihre Forderungen und Bedürfnisse betreffend. Zum anderen wird sie zum Objekt degradiert. Ich finde es nur gut, dass hier die Kommentarfunktion deaktiviert wurde, weil ansonsten ganz schlimme Dynamiken entstanden wären. Das hätte die Situation noch mehr aufgeheizt, dafür muss man kein Hellseher sein. Wenn aber nichts gepostet werden kann, weiß man auch nicht, wer und wie viele mit dem Content sympathisieren. Vielleicht hatte der Soziologe ja selbst Angst vor den Reaktionen seiner Gegner?

Die Haltung und vor allem die Reaktion seitens YouTubes in diesem Fall finde ich übrigens extrem schwach und beschämend – man äußerte sich erst gar nicht dazu. Vermutlich deshalb, weil man keine Argumente hatte. Ich verstehe nicht, warum dieses Video überhaupt noch online ist. Das muss doch gegen irgendwelche AGBs, Richtlinien oder Gesetze verstoßen. Wieso tut YouTube nichts? Diesem »Tutorial« darf kein Raum geboten werden, nie und nimmer. Denn wenn es sich mehr und mehr User ansehen, bestätigt das den Frauenschläger womöglich noch und er findet es weiterhin in Ordnung, was er da angestellt hat. Noch einmal: Die Verbreitung von radikalem, gewaltverherrlichendem sowie überholtem Gedankengut muss gestoppt werden, am besten noch heute.

Die zunehmende Emanzipation der Frau passt einfach (noch) nicht ins Weltbild vieler Männer, die sich in ihrem Patriarchat sichtlich wohlfühlen. Man darf nicht vergessen, dass dort andere Vorstellungen von Sittlichkeit herrschen als hier, was besonders für die Geschlechterfrage gilt. So dürfen Frauen in Saudi-Arabien erst seit 2018 Auto fahren. Dennoch sieht man bei Al Jazeera und auch in anderen arabischen Medienanstalten immer mehr Frauen, die geschminkt und ohne Kopftuch die Nachrichten moderieren. Das sind schon mal Ansätze, die eine gewisse Liberalisierung erkennen lassen. Doch bis zum Ziel ist es noch ein langer Weg. Denn während man sich in Mitteleuropa in Netzstrumpfhosen fotografieren lässt und seine Bilder in Magazinen oder auf Instagram veröffentlichen kann, ist man in anderen Ländern nicht so aufgeschlossen. Dort denkt sich vielleicht jemand: Was macht die da? Die beschmutzt doch unsere Ehre! Und so kommt er auf die Idee, sie zu kontaktieren und untergriffig oder gar gewalttätig zu werden. Er denkt, dass diese Kulturveränderung, wie er sie von den sozialen Medien her kennt, auch in seinem Land um sich greifen könnte und das will er verhindern.

Es ist ein Dilemma, dass Social Media in diesem Teil der Welt dermaßen die Geister scheidet. Viele Frauen fühlen sich weiblich, schön, sie möchten sich zeigen und »frei« fühlen, so wie wir hier im Westen. Aber die Gegebenheiten sind dort eben andere. Sie schminken sich, richten sich her, machen Fotos von sich und glauben, sie gehören irgendwo dazu. Sie flüchten sich ins Internet und denken womöglich, nicht mehr in einer Welt leben zu müssen, wo sie unterdrückt werden. Doch irgendwann holt sie die Realität ein, nicht selten eben durch Gewalt. Selbst wenn sie sich etwas aus dem Ausland bestellen, neue Haarschnitte ausprobieren, Feedback bekommen oder anregende Mailkontakte pflegen, sind das alles Dinge, die so eigentlich nicht sein dürften. Es muss im Geheimen geschehen, doch dafür sind soziale Medien nicht gemacht. Im Gegenteil: Man wird von Leuten gesehen, die einen kennen, weil sie aus demselben Ort kommen oder in derselben Firma arbeiten. Und das kann bei den falschen Inhalten leider schlimm ausgehen.

Übrigens brauchen wir uns gar nicht so weit zu entfernen, wenn wir nach Beispielen für Sexismus suchen wollen. Die gibt es auch in Europa zu Genüge, wie uns etwa das Berufsleben zeigt. Noch immer gibt es den Gendergap, noch immer werden die großen

Unternehmen von Männern dominiert, noch immer müssen Frauen oft doppelt so schwer schuften, um akzeptiert zu werden. Apropos Akzeptanz: »Mansplaining« ist ein Begriff aus der Geschlechterdebatte, der 2014 sogar ins Oxford Dictionary aufgenommen wurde. Er beschreibt, wenn Männer Frauen in einer inadäquaten Form deren Kompetenzen sowie Erfahrungsschatz absprechen, ihnen bei Vorträgen ins Wort fallen oder Sätze für sie beenden oder umformulieren. Sie halten sich für klüger und besser informiert. Dieses Verhalten zieht sich quer durch die Geschäftswelt, wodurch sich leider viel zu viele Frauen einschüchtern lassen.

Doch zurück zum Internet: Wenn eine Frau heute ein Unternehmen gründet, kann es sein, dass sie vonseiten der Konkurrenz auf ihren Social Media Accounts sexistisch diffamiert wird. Zum Teil auch mit Lügen und Halbwahrheiten, was man als »Trolling« oder »Fake-News« bezeichnet. Das haben wir bereits im Fall Nadine Breitensteins gesehen. Oder nehmen wir eine Schuldirektorin. Auch sie kann jederzeit anonym und öffentlich sexistisch beleidigt werden, was ihrem Image an der Schule definitiv schaden würde. Ganz gleich, wie wahr oder wie falsch die Verleumdungen auch sein mögen. Social Media kann in den falschen Händen zu einer existenzbedrohenden Waffe werden.

# Liebe und Gewalt

## Online-Dating

Bevor ich mit dem Internet vertraut war, war einer meiner ersten Eindrücke der, dass Frauen dort fortlaufend unaufgeforderte Zuschriften von Männern erhalten würden. Das war noch lange vor Zeiten von Tinder und Co. Leider liegt das gar nicht so weit von der Realität entfernt, wie ich einst befürchtet hatte. Zugegeben stimmt mich das Thema Online-Dating generell ein wenig mutlos. Es macht mich ehrlich gesagt sogar betroffen, was die Zukunft anbelangt. Diese Schnelllebigkeit, die Austauschbarkeit von Dingen, von Emotionen, von seinen Partnern und schließlich von sich selbst. In der Mittagspause swipet[15] und matcht[16] man ein bisschen herum und sucht sich aus, mit wem man sich am Nachmittag auf einen Kaffee treffen möchte. Und wenn man es zeitlich und moralisch mit sich vereinbart, kann man jeden Tag jemand anderen daten.

Was macht das mit dem Selbstwertgefühl einer

---

15  Je nachdem, ob einem sein Gegenüber auf Tinder gefällt, wischt man am Bildschirm nach links oder rechts. Diesen Vorgang nennt man »swiping«.
16  Gefallen und finden sich zwei User auf Tinder, spricht man von einem »Match«.

Person? Geht das dabei nicht verloren? Das ist doch so, als würde ich mir dreimal hintereinander Erdbeereis holen, jedoch stets in einer anderen Diele. Vielleicht schmeckt es auch jedes Mal anders, dennoch bleibt es Erdbeereis und man wird es wohl nie mehr wirklich wertschätzen können. Ich weiß, dass nur die wenigsten Tinder-User wirklich jeden Tag ihre Partner wechseln, wie das in den Medien gern dargestellt wird. Geben wird es das aber vermutlich schon.

Auf der anderen Seite gibt es natürlich auch jene, die Online-Dating-Plattformen nutzen, um wirklich die große Liebe zu finden oder zumindest ernsthaft um eine Beziehung bemüht sind. So wie die Amish-People. Auch sie nutzen das Internet, um Partner, also Amish-Partner, aus anderen Bundesstaaten Amerikas zu finden. Denn nicht selten ist es so, dass die Mitglieder einer Community aus ein und derselben Familie stammen und da ist das Internet praktisch, um jemanden zu finden, der nicht mit einem verwandt ist. Das erinnert mich an Island, wo es schon seit vielen Jahren entsprechende Datenbanken gibt, mit deren Hilfe man die jeweiligen Verwandtschaftsgrade prüfen kann.

Ich muss zugeben aktiv, keinerlei Erfahrung auf dem Gebiet von Online-Dating gemacht zu haben, aber natürlich gibt es auch in meinem Bekanntenkreis Menschen, deren Berichten ich ab und an gelauscht habe. Manches mag ja für den Moment auch ganz nett klingen, für mich ist das dennoch nichts. Auch habe ich einmal gehört, dass zu viel Online-Dating zu zwanghaftem Verhalten führen kann. Na klar, wenn man ständig darauf achtet, ob das Handy vibriert oder wem man als nächstes schreiben möchte, ist man immer auf hundert. Wenn man jemanden matcht, geht es doch im Prinzip nur darum, wie gut einem die Fotos seines Gegenübers gefallen. Mir ist das zu oberflächlich, aber bitte, das soll jeder für sich so halten wie er möchte.

Eine Frage hätte ich aber noch: Was ist eigentlich, wenn das Gegenüber gar nicht jene Person ist, für die sie sich ausgibt? Es kann nämlich durchaus sein, dass sich ein Verrückter hinter dem knackigen Surfer oder eine dubiose Firma hinter der blonden Stewardess verbirgt. Oder der Chatpartner entspricht so gar nicht dem Foto, wenn es zum ersten Date kommt. Schein, Hohn, Betrug, Missbrauch – möglich ist so ziemlich alles. Dass auch ein kurzer Moment ausreichen kann, um ein ganzes Leben zu zerstören, veranschaulicht uns folgender Fall.

**Amanda Todd**

Dass das Verschicken von »Bildchen« düstere, ungeahnte Dimensionen annehmen kann, zeigt der Fall Amanda Todd. Die kanadische Schülerin war eines der ersten Suizidopfer von Cyberbullying in den sozialen Netzwerken. Bis heute bewegt mich ihr Schicksal zutiefst. Es ist einfach unvorstellbar, wenn man sieht, wie weit jemand emotional in die Enge getrieben werden kann und als letzten Ausweg nur noch den Freitod sieht.

Eigentlich war Todd ein lebhaftes Mädchen, das sich gerne in Chats und Foren austauschte. Als sie sich im Alter von elf Jahren eine Webcam zugelegt hatte, begann sie mit Videochats zu experimentieren. Sie knüpfte neue Bekanntschaften und nach langem Hin und Her ließ sie sich von einem ihrer Chatpartner dazu überreden, ihr Shirt für ihn hochzuziehen. Nur für einen Moment, jedoch vor laufender Kamera – ein fataler Fehler! Monate später erhielt sie eine Facebook-Nachricht von diesem Mann, der nun versuchte, sie mit einem Screenshot ihrer Brüste zu erpressen. Sie sollte ihm noch mehr Nacktfotos schicken, ansonsten würde er das Bild an ihre Familie, Freunde, Kollegen und Lehrer versenden. Was er kurz darauf auch tatsächlich tat. In Folge wurde Todd von ihren Mitschülern gemieden, beleidigt und gemobbt. Als sie daraufhin die Schule wechselte, verschaffte sich ihr Peiniger Zugang zu all ihren neuen Kontakten und es ging von vorne los. Das arme Mädchen wurde zunehmend ängstlicher und depressiver, was zu mehreren Selbstmordversuchen führte. Auch dafür wurde sie von den anderen gehänselt und erhielt ekelhafte, untergriffige Nachrichten, wie auch ich sie kenne – dass sie tot besser dran wäre, dass sie es endlich durchziehen sollte und so weiter und so fort. Am 10. Oktober 2012 erhängte sie sich schließlich im Alter von nur fünfzehn Jahren, da sie mit der Schmach und dem Druck, der auf ihr lastete, nicht mehr leben konnte.

Kurz vor ihrem Tod veröffentlichte Todd ein YouTube-Video, in dem sie der Welt ihren Fall darlegt. Wie einst Bob Dylan hält sie darin ein beschriebenes Blatt Papier nach dem anderen in die Kamera und gibt so ihre Geschichte wieder. Kein Abschieds-Video, wie ihre Mutter meinte. Dennoch konnte Todd kurze Zeit später einfach nicht mehr und nahm sich nach einem langen und intensiven Kampf das Leben. Doch selbst nach dieser Tragödie kam es noch zu Hasspostings und Victim blaming, indem über Todd und ihr Schicksal öffentlich gespottet wurde.

### Davia Emilia

Die sechzehnjährige Malaysierin Davia Emilia beging im Frühjahr 2019 in einem Kaufhaus Selbstmord, nachdem sie eine Abstimmung über »Leben und Tod« auf Instagram abgehalten hatte. Neunundsechzig Prozent der User stimmten dafür und so zog sie es schließlich durch. Später wurde bekannt, dass Emilia schon lange unter Depressionen litt, die aus einer sozialen Zurückweisung heraus resultierten. Doch anstatt sie von ihrem schrecklichen Vorhaben abzuhalten und dem verzweifelten Mädchen Hilfe anzubieten, trieben sie eiskalte Cyberbullies in den Tod. Instagram reagierte darauf, indem künftig vermehrt darauf hingewiesen werden soll, in Fällen von autoaggressivem Verhalten umgehend das zuständige Service oder gleich die Behörden zu verständigen. Jene User, die für Emilias Tod stimmten, sehen übrigens harten Strafen entgehen, sogar von Gefängnis ist die Rede.

**Maddie McCann**
Die Entführung der kleinen Maddie ist mir noch in lebhafter Erinnerung. Ihre Eltern gingen seither wahrhaftig durch die Hölle, wobei bis heute die Liebe zu ihrer Tochter öffentlich in Frage gestellt wird. Dadurch wird ihnen ein besonderes Maß an seelischer Grausamkeit zuteil, wie ich finde. Auch meine Mutter erhielt nach meiner Entführung ähnliche Anschuldigungen, glücklicherweise war das noch vor Social Media. Ich weiß also, was das mit einem anrichtet, wie das einen auffrisst.

Zum zehnten Jahrestag von Maddies Verschwinden wurde ich von mehreren britischen Medien zu ihrem Fall befragt, woran deutlich wird, dass das Schicksal dieses Mädchens das Land noch heute erschüttert. Leider kann ich nichts weiter tun, als der Familie Mut zuzusprechen und weiterhin darauf zu hoffen, dass man die verlorene Tochter doch noch eines Tages wiederfindet. Ich möchte an dieser Stelle noch erwähnen, dass ich es zutiefst unmenschlich und beschämend finde, wenn Maddies Fotos in sozialen Medien für schändliche Memes oder andere Geschmacklosigkeiten missbraucht werden. Das ist einfach nur widerlich und mir tun die Eltern furchtbar leid, da sie das vermutlich mitbekommen werden.

**Elliot Rodger**

Häufig ist es so, dass Menschen, die Gewalt an anderen ausüben, selbst ein gewisses Schlüsselerlebnis in sich tragen. Das kann von einer kleinen Enttäuschung bis hin zu einem langen Leidensweg reichen. Vor allem schwere Kindheitstraumata können später einmal zu Identitätsproblemen führen. Der Amerikaner Elliot Rodger war so ein Mensch. Ein Jugendlicher, der YouTube-Videos von sich ins Netz stellte, in denen er mit seinem Auto in der Gegend umherfuhr und Lebensweisheiten von sich gab. Dabei sagte er Dinge wie: Seht euch diesen traumhaften Sonnenuntergang an. Ich habe alles und bin so dankbar dafür! Doch dann wurde er nachdenklich und die Stimmung kippte. Er hätte dieses Mädchen gesehen, dass allerdings nichts von ihm wissen wollte. Und so erging es ihm Mal für Mal. Aber all die Frauen da draußen würden schon noch sehen, was ihn ihm stecken würde! Er unterstellte den Frauen in seinem Umfeld, ihn generell zu missachten, und das verstand er nicht, da er in seinen Augen eigentlich ein toller Fang gewesen wäre.

Menschen wie Rodger haben ständig das Gefühl, zurückgewiesen zu werden und so ziehen sie irgendwann den Schluss, sie müssten sich rächen – an wem auch immer. Sie müssten irgendwie ausgleichen, was ihnen an Ungerechtigkeit im Leben widerfahren ist. Und so kommt es, dass sie sich an Unschuldigen vergehen und ihnen Leid antun. Rodger war ein Einzelgänger und hatte zu seinem Vater, einem bekannten Filmemacher, nicht das allerbeste Verhältnis (dieser hatte seinen Sohn später als depressiv beschrieben). Einmal war er zur Party eines Mädchens aus der Nachbarschaft eingeladen, zu dem er als Kind Kontakt hatte, doch sie konnte sich nicht mehr an ihn erinnern. Das war ein schwerer Schlag für ihn, da er Hals über Kopf in die Gastgeberin verliebt war und bis dahin dachte, sie würde ihn auch lieben. Diesen sowie unzählige weitere Umstände nahm er sich ungemein zu Herzen.

Rodgers Fokus war stets auf junge, schöne Frauen gerichtet, die einen ganz bestimmten Lifestyle verkörperten. Diese Oberflächlichkeit artete bei ihm in eine wahre Obsession aus. Da er jedoch niemals irgendwo landen konnte, drehte er eben seine YouTube-Videos, in denen er sich genau darüber beklagte. Irgendwann geschah schließlich das Unausweichliche: Rodger sah rot und drehte komplett durch. Er besorgte sich einige Schusswaffen, lernte mit ihnen umzugehen und startete den Amoklauf von Isla Vista. Zuerst ermordete er im Wohnheim seine Kollegen. Anschließend fuhr er zu einer Studentinnenverbindung, in die er nicht hineingelangte, und feuerte deshalb wahllos auf Passanten in der Gegend. Er tötete insgesamt sechs Menschen und verletzte noch einmal doppelt so viele, ehe er sich selbst das Leben nahm.

Rodger war nervlich total am Ende. Sein krankes Ego und die Wahnvorstellungen ließen ihn verzweifeln und zu einem eiskalten Mörder werden. Er konnte einfach nicht von seinem Standpunkt abweichen, eigentlich ein toller Typ gewesen zu sein, was schließlich dazu führte, dass er vollkommen den Sinn für die Realität verlor. Dabei hatte er ja auf seinem YouTube-Channel eine Menge weiblicher Fans um sich geschart, mit denen er sich meines Wissens nach auch austauschte. Dennoch war er fest davon überzeugt, dass ihn niemand wirklich leiden konnte. Dabei war er es eigentlich, der von vornherein abweisend war und keiner Frau die Chance gab, sich ihm zu nähern. Da beißt sich doch die Katze in den Schwanz! Und so beschrieben das auch jene, die ihn kannten. Vielleicht hätte er einfach mal einen seiner Fans daten sollen und alles wäre gut geworden, wer weiß? Wobei ich denke, dass man so tief sitzende Probleme selbst lösen muss und nicht durch eine außenstehende Person.

Da Rodger seine Aggressionen irgendwann nicht mehr über Social Media bündeln konnte und ihn all die Kommentare seiner Subscriber nur noch mehr aufwühlten, denke ich schon, dass YouTube eine Rolle in dieser Geschichte spielte. Da muss doch irgendjemand irgendetwas mitbekommen haben! Ich meine, bei solch einem Content schlagen doch alle Alarmglocken verrückt und wie wir wissen, bezahlt YouTube Menschen, die auf genau so etwas hätten aufmerksam machen müssen. Zumal Rodger in seinem letzten Video das Blutbad sogar angekündigt und sich damit viral von der Welt verabschiedet hatte. Hätte man diese Tat verhindern können? Ich meine, ja.

## Gewalt

Man mag es kaum für möglich halten, aber es gibt tatsächlich Menschen, die Elliot Rodger im Internet feiern und als Märtyrer verehren. Für sie ist er ein Held, dem Videos, Lieder und ganze Online-Portale gewidmet werden. Die Rede ist von den sogenannten »Incels« – das ist eine Wortbildung aus »involuntary« und »celibacy«, was auf Deutsch so viel wie »unfreiwillig enthaltsam« bedeutet. Incels[17] sind Menschen, die niemals in ihrem Leben mit einem anderen Menschen intim waren. Wie Elliot Rodger. Sie fühlen sich zurückgestoßen, macht- und wertlos. Diese Kombination kann gefährlich sein und meiner Meinung nach sind nicht wenige dieser Incels tickende Zeitbomben. Man weiß nie, welcher Tropfen das Fass zum Überlaufen bringen wird. Sie vernetzen sich, tauschen sich aus, geben einander Tipps und muntern sich gegenseitig auf. Das ist ja total okay. Manchmal ermutigen sie sich aber auch, gegen Frauen oder andere Männer zu hetzen, indem sie viral Lügen sowie diskriminierende Inhalte über sie verbreiten. Und dann gibt es noch besonders radikale, die wildfremde Menschen terrorisieren, zum Teil durch gewalttätige Übergriffe, weil sie der Meinung sind, die hätten das aus irgendwelchen Gründen verdient.

Es wird allerhöchste Zeit, ernsthaft dagegen vorzugehen. Wir müssen lernen, solche Tendenzen frühzeitig zu erkennen, um Mobbing zu unterbinden. Ich finde es richtig, dass das bereits an den meisten

17  Wer mehr zu diesem Thema erfahren will, dem empfehle ich die BBC-Dokumentation »Inside The Secret World Of Incels« von 2019.

Schulen thematisiert wird. Trotzdem muss noch viel mehr geschehen. Es ist essenziell, der Jugend zu vermitteln: Soziale Medien sind keine Spielzeuge und wenn man sie missbraucht, kann das ernsthafte und auch strafrechtliche Auswirkungen haben. Wenn ihr also merkt, dass ein Freund oder eine Klassenkameradin blöde Kommentare auf Kosten anderer macht, sagt ihnen, sie sollen damit aufhören, da ihr Verhalten sonst Konsequenzen haben wird. Nicht in Form von Drohungen, denn das bringt uns nicht weiter, aber auf eine eindringliche und bestimmende Art.

Um noch kurz bei den Schulen zu bleiben. Laut Zeitungsberichten kam es in Wien zuletzt vermehrt zu Spannungen zwischen Lehrern und Schülern. Lehrer, die Schüler bespuckten und mit Besenstilen bedrohten sowie Schüler, die Lehrer in Ecken drängten und handgreiflich wurden. Und das Schlimmste daran: All diese Dinge wurden von Schülern mit ihren Smartphones gefilmt und via Social Media verbreitet. Für mich sind dies menschliche Rückschritte, durch die wir uns moralisch zurück ins Tierreich bewegen, wo nur die Stärksten überleben, während sich andere zu Hause gemütlich daran ergötzen. Einige der Kinder, die diese Übergriffe filmten und verbreiteten, sehen ihr ganzes Leben wohl durch die Social-Media-Brille. Anders kann ich mir das nicht erklären. Sie zücken ihre Smartphones, allzeit bereit für ein Foto, und denken nur daran, Content zu produzieren. Um Likes zu sammeln. Egal wie tief, egal wie verstörend, egal wie grausam. Hauptsache die Klickrate stimmt.

### Internet-Pornografie

Ich meine, dass Pornografie Sexismus in Reinform ist. Ehrlich gesagt fehlt mir hier persönlich aber ein wenig der Zugang. Da allerdings ein beträchtlicher Teil der Online-Diskriminierung im pornografischen Sektor passiert, will ich versuchen, mich auch dazu zu äußern. Ich denke, dass Pornografie uns Frauen erniedrigt, indem wir als Objekte dargestellt werden. Die Rolle des Mannes ist in der Regel die des Starken, der Macht über das vermeintlich schwache Geschlecht ausübt. Ich fürchte, dass vor allem die Jugend durch den freien Zugang zu Pornografie im Netz einen falschen Eindruck von Sexualität bekommt und mental abstumpft. Wenn achtzehnjährige Frauen ihre Körper drei- bis viermal älteren Männern bis ins kleinste Detail präsentieren, sich dabei schmutzige, grausige Kommentare gefallen lassen, um sich ein kleines Taschengeld zu verdienen, finde ich das alarmierend.

Wenn alle Beteiligten mit dem Geschehen einverstanden sind, sollen sie bitte tun und lassen, was sie wollen. Nur leider besteht der pornografische Content im Internet nicht nur aus Videos, die absichtlich für diesen Markt gemacht wurden. Man findet darüber hinaus enorme Mengen an Bildmaterial, das »zufällig« durch Dritte im Internet landet und keineswegs durch die Macher autorisiert worden ist. Leaks, Revenge Porn, Upskirting, Sexting, Fake-Content – all das ist heute Alltag. Die Opfer solcher Cyberattacken fühlen sich bis ins Mark beschämt und gedemütigt. Oftmals werden ihre Inhalte auch dazu benutzt, um sie zu erpressen. Das kann Personen des öffentlichen Lebens genauso betreffen wie die Mitarbeiterin im Büro. Neben der eigentlichen Schmach hat man somit noch mit Angst und Lösegeldforderungen zu kämpfen. Die Schauspielerin Jennifer Lawrence wurde zum Beispiel eines der prominentesten Opfer geleakten Contents, als man einen ihrer Accounts hackte und Nacktfotos von ihr online stellte.

Ich möchte wirklich niemandem etwas unterstellen, jedoch denke ich nicht, dass es viele Frauen in der Porno-Branche gibt, die einen feministischen Auftrag verfolgen. Wenn mich jemand vom Gegenteil überzeugen möchte, bitte, nur zu, aber ich kann mir einfach nicht vorstellen, wie das miteinander vereinbar ist. Sie schlagen doch aus ihrem Körper Kapital, wodurch sie die Arbeit etlicher Feministinnen »widerlegen«, um es vorsichtig auszudrücken. Das heißt natürlich keinesfalls, dass sie schlechte Menschen sind, nein. Manchen bleibt auch gar nichts anderes übrig, als sich selbst so zu verkaufen. Dennoch tragen sie mit ihrem Handeln aktiv zur Unterdrückung der Frau bei.

## Rassismus

Es muss nicht zwingend ein sexuell motivierter Hass sein, der zu diskriminierenden Äußerungen führt. Auch die Rassismuskeule ist eine wirksame Waffe. Sie wird von Rechten ohne Rücksicht auf Verluste geschwungen, weil sie wissen, dass derartige Beleidigungen das Gegenüber so gut wie immer treffen. In Deutschland und Österreich haben wir zum Glück Namen für diesen Schlag Mensch: AFD und FPÖ. Doch dürfen wir es uns wirklich so leicht machen? Werfen wir da nicht alle in einen Topf? In umwälzenden Zeiten wie diesen feiern wir den technologischen Fortschritt, doch viele von uns sind verängstigt, enttäuscht, gestresst oder wütend. Ihnen bereiten die gesellschaftlichen und wirtschaftlichen Entwicklungen Sorgen. Ständig werden sie damit konfrontiert, dass die Welt den Bach hinuntergeht – in den Medien, zu Hause, im Supermarkt, am Stammtisch, im Büro. Sie sehen ihre Werte, Traditionen und

Kultur gefährdet, was der perfekte Nährboden für populistische Politik ist. Einige Parteien nützen die Verunsicherung und die Risse innerhalb der Gesellschaft und beflügeln dies noch mit Ausländerhetze, Fake-News und Verschwörungstheorien. Sie überfluten uns mit ihrem Content über alle nur erdenklichen Kanäle, bis sich die Leute das tatsächlich verinnerlichen.

Langsam glaube ich, dass die Rechten wirklich das Gefühl haben, dass über sie und ihre Absichten oder Taten gelogen wird. Wie sonst kämen sie auf die Idee, die Dinge so ganz anders zu sehen? Man muss doch merken, wenn man lügt – oder zumindest nicht die Wahrheit sagt. Und das tun sie ja, Tag für Tag. Indem sie Ausländer für allerlei Probleme verantwortlich machen. Indem sie Asylantenheime attackieren. Indem sie den Holocaust leugnen. Freilich nicht alle, aber die Radikalen tun das. Leider gibt es überall auf der Welt Vorurteile einer Volksgruppe gegenüber einer anderen. In den USA etwa leben noch genug Menschen, die »auf die alte Weise« erzogen wurden. Von Anfang an wurde ihnen ein veraltetes, diskriminierendes Gedankengut mittradiert, weshalb sie denken: Die Schwarzen arbeiteten früher auf unseren Plantagen und das sollen sie auch weiterhin tun! Sie denken, dass ihnen etwas weggenommen wurde. In Wahrheit aber war bereits die Art, wie Amerika neu besiedelt wurde eine riesen Ungerechtigkeit. Was da alles angestellt wurde anhand von Epidemien, Vergewaltigungen, Morden – unbeschreiblich. Und dann auch noch so viele Menschen zu verschleppen, um sie auf einem anderen Kontinent als Sklaven zu halten. Ihre Nachkommen sind bis heute hier wie dort entwurzelt, fühlen sich nirgendwo richtig zugehörig. Also was sollen die der weißen Oberschicht schon wegnehmen? Auch die Mexikaner nehmen niemandem etwas weg, wie Donald Trump so gerne behauptet. Weil Mexikaner (in-)direkte Nachfahren jener Menschen sind, die dort schon seit tausenden Jahren leben. Ich finde, sie sollten in den USA arbeiten können wie jeder andere.

Rassismus und Sexismus weisen starke Parallelen auf und oftmals sind Rassisten auch Sexisten. Sie meinen, sie seien die Herren, während Frauen unter ihnen stehen und Ausländer noch viel weiter darunter. Ich wäre wirklich dafür, allen einmal kollektiv auf den Handrücken zu klatschen und zu sagen: Reißt euch zusammen und hört euch gegenseitig zu. Wir leben miteinander, nicht gegeneinander. Kommt zu einem Konsens! Aber das wird wohl nie passieren, da heutzutage jeder denkt, mit allem Recht zu haben und alles tun zu dürfen, was jedoch vollkommen egoistisch und irrational ist. Womit wir wieder bei Hass aus Unverständnis und Dummheit heraus angelangt wären.

In Wien gibt es den Verein Ute Bock[18], ein Projekt zur Unterstützung von Flüchtlingen. Benannt ist er nach Frau Bock, die sich Zeit ihres Lebens für Schwächere und Benachteiligte einsetzte. Da dieser Verein auf Twitter, Facebook und anderen sozialen Medien vertreten ist, wird er leider immer wieder zur Zielscheibe von Diffamierungen. Dabei geht es in der Flüchtlingshilfe doch darum, dass Menschen zu uns kommen, die nicht mit unseren Weltanschauungen vertraut sind und auch nicht mit dem System in unserem Land. Sie wissen noch nicht, wie die Dinge hier funktionieren. Und um ihnen zu helfen, gibt es eben Einrichtungen wie den Verein Ute Bock.

Ich denke, dass einige unter uns sehr wenig und wenn, völlig falsch reflektieren. Sie haben Angst, dass all die Flüchtlinge aus Afrika und Asien zu uns kommen und unser System belasten, vielleicht sogar überlasten, überreizen und ausbeuten könnten, um uns irgendwann einmal als Kultur von hier zu verdrängen. Sie fühlen sich bedroht, werden zunehmend verängstigt und versuchen, ein Ventil zu finden, um ihrem Unmut Luft zu machen. Und sie glauben, dass wenn sie Hilfsorganisationen attackieren und in ihrer Arbeit behindern, sie verleumden und mit Hass

18   www.fraubock.at

bedenken, sich dadurch ihre persönliche Situation wieder zum Positiven wandelt.

Diskriminierung wird im Alltag immer spürbarer. Wenn ich zum Beispiel mit der Straßenbahn fahre, wird dort meist in allen möglichen Sprachen gesprochen. Und ich beobachte dann, wie die österreichischen Fahrgäste darauf reagieren, wobei das nicht immer positiv ist. Menschen werden beim Aussteigen noch einmal angerempelt, angeblafft oder sonst wie angegangen, nur weil sie anders aussehen oder anders gekleidet sind. So etwas beobachte ich öfters. Ich verstehe ja, wenn es einem unangenehm ist, laut in einer fremden Sprache niedergequasselt zu werden. Ich verstehe beide Seiten, trotzdem sollte man am Teppich bleiben. Schließlich würde man ja auch niemanden anschnauzen, der Deutsch spricht. Nein, man sagt: Bitte reden Sie ein bisschen leiser, ich habe Kopfschmerzen. Und nicht: Musst du unbedingt auf Türkisch daherreden? Ich glaube ja, dass das Verhalten im realen Leben durch den überhandnehmenden Hass im Netz stark beeinflusst wird. Und damit einhergehend sinkt auch die persönliche Hemmschwelle im Alltag.

Ständig tönt es: Wir haben schon genug Ausländer, die müssen wir wieder loswerden! Man braucht sich nur die Kommentare in einschlägigen Foren und Social-Media-Communitys durchzulesen. Alle diese Beiträge führen dazu, sich gegenseitig im Hass zu bestärken. Gäbe es diese Möglichkeit des Austauschs nicht, würde vielen die Bestätigung fehlen und die Belohnung fürs Grausig Sein fiele aus. So jedoch haben sie das Gefühl, nicht allein mit ihrer Meinung zu sein und zu einer Gemeinschaft von Gleichgesinnten zu gehören. Während meiner Straßenbahnfahrten hat sich jedoch noch niemand gefunden, der gemeint hätte: Recht hast du, hättest du die Türkin mit dem Kinderwagen noch brutaler gestoßen! Das traut sich keiner, im Netz hingegen schon, denn da ist man stark. Das Gemeine am Internet ist, dass man dort seinen Groll so richtig ausleben kann, was viele ja ungeniert tun.

Ich habe das Gefühl, dass auch Hasspostings mit rechtsradikalen Inhalten massiv zunehmen. Eine Zeit lang habe ich dieses Thema gezielt verfolgt, weil mir aufgefallen war, dass mir auf Twitter einige Identitäre oder ähnlich Gesinnte folgten. Ich meldete das auch umgehend, da verschiedene Dinge vorfielen, die mir nicht gefielen. Aus deren Richtung kommen nämlich oft Postings oder Aussagen, die nicht exakt zu deuten sind und die man auch nur schwer überprüfen kann. Keine Beleidigungen an sich, eher makabre Darstellungen und verdrehte Wahrheiten, die jedoch eindeutig einen diskriminierenden Zweck erfüllen sollen. Ich muss zugeben, das mittlerweile aber nicht mehr so intensiv zu verfolgen. Es bringt nichts, sich diesen

Meinungssalat ständig reinzuziehen, vor allem, wenn man merkt, dass es denen gar nicht darum geht, irgendetwas zum Positiven zu verändern.

Menschen mit einer rechtsgerichteten Gesinnung werden oft schon von klein auf indoktriniert, sodass sie diese politische Haltung ihr Leben lang in sich verankert haben. Das merke ich bei jüngeren Leuten, die rein gar nichts mit der Nazi-Vergangenheit zu tun haben, von denen nicht einmal der Großvater im Zweiten Weltkrieg kämpfte. Die denken, wir Österreicher wären damals unschuldig gewesen und all die Kriegsverbrechen und auch der Völkermord wären nie passiert. Vielleicht ist das in ihren Köpfen auch wirklich so, wenn sie ihre Kuchenkränzchen mit alten Bildern an den Wänden und Fahnen und Granaten im Keller abhalten.

Zuletzt fragte mich eine Freundin, ob ich denke, dass Ausländerhass wieder salonfähig geworden ist. Nun ja, ich halte das für eine Art Mechanismus. Im Moment fühlen sich die Linken zurückgesetzt, weil die Rechten an der Macht sind. Und die freuen sich wiederum, weil für sie jetzt eine Zeit der Erleichterung gekommen ist. Bislang mussten sie sich oftmals verstellen. Wenn sie ausländerfeindliche Aussagen tätigten, wussten sie, dass man sie dafür kritisieren würde. Nun aber sind sie oben auf. Ich denke also schon, dass es in gewissen Kreisen immer salonfähiger wird, gegen Ausländer zu sein und, dass die Rechten sich mit der Zeit auch mehr trauen werden.

Dazu fällt mir gleich der österreichische Polizist ein, der sogar verurteilt wurde, weil er ein Pro-Wehrmacht-Posting veröffentlicht hatte. Auf der einen Seite ist es ja christlich und lieb gedacht, dass man das Leben dieses Beamten nicht zerstören will und ihn weiterhin bei der Polizei beschäftigt. Auf der anderen Seite jedoch ist es überhaupt nicht tragbar, einen solchen Menschen für Recht und Ordnung sorgen zu lassen. Zwar verrichtet er seinen Dienst angeblich nicht mehr mit der Waffe, was meiner Meinung nach aber nicht genügt. Man müsste seinen Facebook-Account beschlagnahmen, denn das ist seine eigentliche Waffe, mit der er diese widerwärtigen Inhalte verbreitet. Meiner Meinung nach hat dieser Mann nichts mehr bei der Polizei verloren, da er unglaubwürdig und imageschädigend ist.

Doch leider ist er nicht der Einzige, der Nazi-Inhalte liket und verbreitet. Rassistische Forward-Meldungen, Kettenbriefe sowie GIFs stehen bei WhatsApp an der Tagesordnung, genauso wie das Verschicken von Memes und Videos von Adolf Hitler oder Flüchtlingsdramen. Dadurch wird etwas eigentlich Menschenverachtendes zusehends verharmlost, während man Hass und Diskriminierung mehr und mehr Toleranz entgegenbringt.

## Twitch

Mit mehr als fünfzehn Millionen aktiven Usern am Tag ist Twitch das mit Abstand beliebteste soziale Medium der Gaming-Community. Die Plattform bietet ihren Mitgliedern die Möglichkeit, anderen Usern per Livestream beim Videospielen zuzusehen, wobei E-Sports, Ego-Shooter und Strategiespiele die beliebtesten Genres sind. Twitch gehört dem Amazon-Imperium an und hält in puncto Gaming-Content bei einem Marktanteil von über fünfzig Prozent, was einem Umsatz von weit mehr als eineinhalb Milliarden US Dollar entspricht[19]. User können Abonnements für ein paar Dollar im Monat erwerben und so ihren Lieblingsspielern folgen. Der Anteil der männlichen Gamer ist mit mehr als achtzig Prozent[20] deutlich höher als jener der Userinnen.

Traditionell herrscht unter Gamern ein eher rauer Ton. Diskriminierende Aussagen stehen an der Tagesordnung, wobei vulgäre, rassistische oder sexistische Beleidigungen keine Seltenheit sind. Auch Incels tummeln sich regelmäßig auf Gaming-Plattformen herum.

19  www.giga.de/webapps/twitch/news/neue-statistik-beweist-twitch-war-2017-erfolgreicher-als-youtube
20  influencermarketinghub.com/25-useful-twitch-statistics

Warum so viele Frauen Twitch dann nutzen? Nun, ich nehme an, weil auch sie gerne Teil einer Community sind. Zumal sind wir Frauen ja ohnehin daran gewöhnt, uns unter Männern behaupten zu müssen. Auf der anderen Seite lässt sich hier gutes Geld verdienen. So viel, dass nicht Wenige ihren Lebensunterhalt davon bestreiten können. Ninja (mit bürgerlichem Namen Richard Blevins), dem beliebtesten aller Streamer, folgen etwa fünfzehn Millionen Mitglieder auf Twitch.

Gaming ist und bleibt vorerst eine Männerdomäne, daran ist nicht zu rütteln. Trotzdem könnte man es uns Frauen auch ein wenig einladender machen. Ich habe irgendwie den Eindruck, dass hier zu wenig auf die Wünsche und Bedürfnisse der weiblichen Community eingegangen wird. Dass Twitch seinen Streamingdienst nun auch um andere Bereiche wie Talkshows oder Kochsendungen erweitert, sehe ich als eine positive Entwicklung. Live-Streaming sollte sich nicht allein auf Computerspiele und Sportübertragungen beschränken.

**Riot Games**
Der amerikanische Spielentwickler Riot Games wurde 2018 mit einer Sammelklage[21] wegen Sexismus

21   www.derstandard.at/story/2000090811094/sexismus-und-diskriminierung-sammelklage-gegen-riot-games

und Diskriminierung am Arbeitsplatz konfrontiert. Hier scheint sich also doch mal was zu tun. Ich kann mir vorstellen, dass es besagten Personen gar nicht auffällt, wie präpotent und arrogant sie sind. Gendergaps und Vergewaltigungswitze sind No-Gos, da kann man nichts schönreden und sowas entsteht für mich aus einer gewissen Überheblichkeit heraus. Ob grundsätzlich eine Abneigung gegenüber Frauen in der Gamer-Szene vorherrscht, kann ich nicht sagen, dafür bin ich zu weit weg vom Thema. Ich kann mich höchstens an Zeitungs- und Online-Artikeln orientieren. Meinen Recherchen nach zu urteilen, vermute ich aber, dass es etliche Gamer mit einer solchen Gesinnung gibt. Und oft ist es ja so, dass Menschen hassen, was ihnen im Leben verwehrt bleibt. Hier sehe ich gewisse Parallelen zu Incels, die ja wie gesagt einen Teil der Community ausmachen.

Nicht selten wirken Gamer an der Produktion von Spielen mit, während einige wenige (die besten sozusagen) sogar direkt an der Entwicklung beteiligt sind. Da werden schon mal bewusst Funktionen integriert, sodass man zum Beispiel bei weiblichen Figuren die Brüste vergrößern kann. Auch Sexszenen kommen vor, wie etwa bei GTA von Rockstar Games. Das kann ja kein Zufall sein und ist in einem Spiel, bei dem es um Geschicklichkeit geht auch überhaupt nicht angebracht. Da kann man weder von Respekt noch von einem friedlichen Miteinander reden. Im Gegenteil, Frauenhass spielt hier ganz bestimmt mit. Das Schlimmste an der Geschichte ist aber, dass Frauen in solchen Betrieben auch untereinander Macht- und Konkurrenzkämpfe eingehen. Das wird gern heruntergespielt, indem man sagt: Kopf in den Sand, das wird schon aufhören – als Frau musst du dich in einem solchen Unternehmen eben anpassen! Doch wenn man nichts dagegen tut, hört das nicht auf. Generell denke ich, dass wir nicht gegen-, sondern füreinander kämpfen sollten – egal ob Mann oder Frau.

## Gamerinnen und die Community

Die Koreanerin Giannie Lee ist mit knapp dreißigtausend Followern zwar keine Top-Twitcherin, dennoch hat sie sich einen gewissen Bekanntheitsgrad erspielt. Im Frühjahr 2019 war sie auch in Deutschland in aller Munde, jedoch nicht wegen ihrer Gaming-Skills. In einem Lokal am Berliner Kurfürstendamm wurde sie (während sie ein Video von sich auf ihrem Handy drehte) von zwei Männern rassistisch beleidigt. Sie zogen sich mit ihren Fingern die Augenlider zu Schlitzen und lachten neben ihr in die Kamera. Nachdem Lee die beiden aufgefordert hatte, sie in Ruhe zu lassen, zogen sie von dannen. Offenbar wussten sie nicht, wem sie da auf den Schlips getreten waren und sahen sich tags darauf auf YouTube, so wie weltweit über eine Million andere Menschen auch[22].

Die Amerikanerin Amaoranth hingegen streamt kein einziges Videospiel und zählt dennoch zu den beliebtesten Persönlichkeiten der Szene. Die Cosplayerin hat die Million-Follower-Marke bereits geknackt und gehört zu den einflussreichsten Twitch-Usern überhaupt. In einem Shitstorm wurde ihr einst vorgeworfen, mit den Hoffnungen und Sehnsüchten ihrer Fans zu spielen. Konkret ging es darum, dass sie lange Zeit ihren Beziehungsstatus verheimlicht hatte, um so laut ihren Kritikern weiter Spenden von verliebten Usern zu sammeln. Die Obsession mancher Fans (oder besser gesagt Fanatiker) ging sogar soweit, dass sie Amaoranth nachstellten und ihr vor ihrem Heim auflauerten. Nach dem Bekanntwerden ihrer Familie wurde auch diese online diffamiert, wobei man ihren Mann aufgrund seiner asiatischen Herkunft rassistisch beleidigte.

Weniger stürmisch geht es im Leben von Miss Rage zu. Mit mehr als dreihundertfünfzigtausend Followern ist sie die angesagteste Twitcherin Österreichs. Ihre freundliche Art kommt in der Commu-

22  www.faz.net/aktuell/gesellschaft/menschen/streamerin-giannie-lee-ueber-rassismus-die-meisten-entschuldigen-sich-wenn-ich-sie-anspreche-16150237.html

nity bestens an und laut eigenen Aussagen spielt sie auch nicht mit der Erwartungshaltung ihrer Fans. Dennoch wurde auch sie schon öfters Opfer von Online-Diskriminierung, was sie jedoch keinesfalls entmutigt, weiterhin ihren Weg zu gehen. Richtig so!

## Politik und Medien

Politik und Medien bilden eine perfekte Symbiose. Seit es Massenmedien gibt, nutzen (oder missbrauchen) Regime und ihre Parteien sie als Werkzeuge der Macht. Propaganda funktioniert mit einfachen Bildern und Botschaften, wobei die Techniken bis heute weitgehend dieselben geblieben sind: Graffitis aus der Antike, Flugzettel aus der Neuzeit, Plakate, Zeitungen, Magazine, Radio und Fernsehen aus den letzten Jahrhunderten. Nun ist diese Palette um eine weitere Komponente reicher geworden: die neuen Medien. Sie bieten der Politik bisher ungeahnte Möglichkeiten und schaffen eine nie zuvor dagewesene Nähe zum Wähler. Vor allem populistische Parteien und Gruppierungen nutzen das Internet, um gezielt auf Wählerfang zu gehen.

Rhetorik zählt zu den effektivsten Instrumenten der Politik, das erkannten schon etliche Strategen und Staatsoberhäupter der Menschheitsgeschichte. Politiker, Beamte, Juristen, Journalisten sowie andere Meinungsmacher wissen, wie sie die Massen manipulieren, um ihre Interessen durchzusetzen. Und sie wissen auch, dass Panikmache und die Angst vor Online-Diffamierung sehr wohl zu einer Art sozialen Zensur führen, sofern man sie einzusetzen weiß. So werden Feinde mundtot gemacht und die Massen in Zaum gehalten. In Zeiten von Big Data weiß man um seine Gegner Bescheid, genauso wie um seine Verbündeten. Man kennt die sogenannten demografischen Daten: das Geschlecht, den Wohnort und bis zu einem gewissen Grad weiß man sogar um die Interessen und das Verhalten eines Users Bescheid. Somit wird umgehend klar, wo man auf Gehör stößt und wo auf Gegenwehr.

Natürlich wird auch ein gewisser sozialer Auftrag verfolgt, irgendwie müssen die Politiker schließlich ihrer Legitimität gerecht werden. Es gilt, Gesetze zu schaffen und Rahmenbedingungen festzulegen, die das Leben innerhalb der Gesellschaft festigen. Heikle, komplexe Angelegenheiten müssen gelöst werden, nicht nur hinsichtlich Ethik, Wirtschaft, Technik oder Umwelt. Dabei zählt das Image weit mehr als man glauben mag, vor allem, wenn man längerfristig regieren möchte.

Rhetorik und Wortwahl sind die eine Sache, Hashtags und bezahlte Werbung eine andere. Die individuelle Komponente von Social Media wird dazu benutzt, eine engere Bindung zum Präsidenten, zur Partei oder zu einem politischen Lager zu schaffen. Dafür werden Unsummen an Geld ausgegeben, wie etwa kurz nach Ausbruch des Ibiza-Gates, als die ÖVP binnen einer Woche mehr als fünfzigtausend Euro allein für Facebook-Werbung ausgab[23]. Na klar, so schleicht man sich ins Privatleben potenzieller Wähler und kauft sie sich regelrecht – bei Facebook, Instagram, Twitter oder YouTube. Die Community ist da und man kann täglich Einfluss auf sie nehmen. Dabei werden gleich allerlei Daten gesammelt, ausgewertet, analysiert und dienen später als Grundlage für Wahlwerbung und Politikerschulungen.

Ein großes Plus der sozialen Netzwerke ist ihre Verfügbarkeit. Früher mussten Politiker auf großen Plätzen vor zigtausend Menschen sprechen, die von überall herkamen, nur um sie zu hören. Oder Interviews geben, bei denen sie von den Launen der Journalisten abhängig waren. Das tun sie freilich weiterhin, nur können sie zwischendurch Informationen vermelden, indem sie wie Donald Trump einen Tweet von zweihundertachtzig Zeichen rausschießen. Ganz

23 www.derstandard.at/story/2000104084140/oevp-gibt26-610-euro-fuer-anzeigen-auf-facebook-aus

ohne Puffer, frei nach dem Motto: Friss oder stirb! Und das Beste daran: Man kann als Bürger direkt darauf reagieren. So scheint es zumindest.

In Deutschland zum Beispiel wird in den sozialen Medien keine Partei öfter genannt als die AFD[24]. Was sagt uns das? Wohl kaum, dass künftig alle diese Partei wählen werden. Dennoch ist die AFD in allen politischen Lagern und in allen Ecken des Landes Thema. Wieso? Ich kann mir gut vorstellen, dass sie enorme Summen für Social Media Kampagnen ausgeben und die Deutschen mit ihren Inhalten überfluten. So ist man in aller Munde, ohne, dass man es wirklich ist. Werbung, Trolling und vor allem Fake-News sind beliebte Tools der Rechten, auch hierzulande, wie ein von der FPÖ produziertes Video aus Regierungstagen zeigt. Die Wiener Zeitung schreibt:

*»Während die Regierung am Dienstag zu einem Gipfel gegen Hass im Netz ins Bundeskanzleramt einlud, lud die FPÖ auf Facebook ein rassistische Klischees bedienendes Video hoch. Darin wird der Missbrauch der E-Card von einem einen Fes tragenden Ali veranschaulicht. Besagter Ali will sich in dem Film mit der E-Card seines Cousins Mustafa ›die Zähne auf Vordermann*

24  www.tagesspiegel.de/politik/kleine-parteien-grosse-wirkung-rechtspopulisten-dominieren-politische-diskurse-auf-social-media-plattformen/24170746.html

*bringen lassen‹, wie es heißt. Er scheitert aber, weil die E-Card künftig mit Foto ausgestattet ist.«*[25]

Da soll mir noch einmal jemand von den Blauen erzählen, dass sie keinen Hass schüren.

Ein wahrer Profi auf seinem Gebiet hingegen ist der russische Präsident und ehemalige KGB-ler Vladimir Putin. Er ist eine Medienfigur wie kaum ein anderer, eine »Ikone«, die ihren Platz in der Geschichte Russlands schon frühzeitig gefestigt hat. Er versteht es perfekt, sich medial zu inszenieren und nützt jede Bühne, die ihm geboten wird: Massenkundgebungen, Internet, Radio, Print, TV – überall ist er zugegen. Er kontrolliert so gut wie jedes Medium im Land, was ihm die Gunst im Volk wohl auf Lebenszeit sichern wird. Ein bisschen wie einst Berlusconi in Italien, nur souveräner. Auch, wenn es um die Verfolgung seiner Gegner geht. Pressefreiheit und Zensur sind heikle Themen in Russland und das Internet spielt oftmals eine interessante Rolle, wenn es um innerpolitische Angelegenheiten geht. Dagegen kommt selbst die staatliche Zensur nicht immer an.

Ein wahres Social-Media-Wunder ist Marine Le Pen. Die Tochter des rechtsextremen Politikers Jean-

25   www.wienerzeitung.at/themen/netzpolitik/1001773-Regierung-will-digitales-Vermummungsverbot.html

Marie Le Pen führt den Kurs ihres Vaters erfolgreich weiter und übertrumpfte ihn erstmals bei der Europawahl 2019, aus der ihre Rassemblement National als Stimmenstärkste Partei mit über dreiundzwanzig Prozent hervorging. Mit Frankreichs etablierten Medienhäusern steht sie auf Kriegsfuß und beschimpft sie regelmäßig als Lügenpresse, auch das kennen wir hier in Österreich. Sie nutzt Social Media als alternatives Sprachrohr und erreicht mit ihren Inhalten viele Wutbürger, die mit ihrer Stimme für Le Pen ein Zeichen setzen wollen: So nicht! Meiner Meinung nach ist das leider der falsche Ansatz.

Um noch einmal zu Donald Trump zu kommen. Auch der amerikanische Präsident ist ein populistischer Politiker, der regelmäßig die sozialen Netzwerke nutzt. Wie wir wissen, äußert er sich zu politischen Themen gern auf Twitter, was mal für Empörung, mal für Belustigung sorgt und irgendwie schon legendär ist. Jedenfalls weiß er, sich perfekt in Szene zu setzen, wenn es um die Gunst seiner Wählerschaft geht. »Make America Great Again«, sage ich da nur (ein Slogan, den er ja markenrechtlich schützen ließ, obwohl er ihn selbst kopiert hatte). Ein richtiger Schauspieler, wie die meisten Politiker heutzutage. Und beim Besuch der Trumps im Buckingham Palace fiel mir auf, dass Trump und Melania von ihrer Physis her deutlich größer als die Royals sind. Sie bäumten sich regelrecht vor der Queen, Prinz Charles und den anderen auf. Da ging mir durch den Kopf: Wer ist mächtiger? Die Queen mit ihrer jahrhundertealten Ideologie und dem Machtbewusstsein, in das sie mit dem geschichtsbedingten Nimbus hineingewachsen ist, was sie ja auch ausstrahlt und verströmt? Oder Trump, der sozusagen alle ausgetrickst hat und nun allerorts triumphiert? Oder ist gar Camilla die heimliche Heldin? Man weiß es nicht, vielleicht findet man ja eine Antwort in den neuen Medien.

Schon zu Zeiten Bill Clintons, einem Vorgänger Trumps, war das Internet ein Teil der politischen Kultur. Nachdem seine Affäre mit der Praktikantin Monica Lewinsky aufgeflogen war, erhielt diese Unmengen an Hassmails und Drohungen. Sie war somit eines der ersten Opfer überhaupt von groß angelegtem Cyberbullying und benötigte Jahre, um wieder ein halbwegs normales Leben führen zu können. Lewinsky zog sich zurück und begab sich in Therapie. Als die Medien langsam aufhörten über sie zu berichten, wurde es auch stiller um sie. In ihrem TED-Talk von 2015 schildert sie eingehend ihre Erlebnisse rund um den Clinton-Skandal. Dabei weist sie darauf hin, wie wichtig es ist, sich aktiv gegen Mobbing im World Wide Web zu stellen, was ich nur befürworten kann.

## Österreich und die Schmutzkübel

»Dirty Campaigning« landete 2017 bei der Wahl zum Wort des Jahres auf dem vierten Platz[26]. Überhaupt hat der »Schmutzkübel« in Österreichs Politik eine lange Tradition, was durchaus verständlich ist, lenkt das »Anpatzen« (wie man hierzulande sagt) des Gegners doch so schön vom eigenen Versagen ab. Mit Hilfe der neuen Medien hat dieses Vorgehen nun ungeahnte Dimensionen erreicht, wie gerade die letzten Wahlkämpfe zeigten. Aber auch im Polit-Alltag tauchen diskriminierende Memes, Forward-Nachrichten und andere Gemeinheiten am laufenden Band auf und man weiß nie, ob diese Schmähinhalte aus privaten Haushalten kommen (also von Leuten, die denken, sie seien lustig) oder von Unternehmen, die damit beauftragt wurden.

Es ist nicht sonderlich schwer, Diffamierungen und Fehlinformationen aus bereits vorhandenen Schmutzkübelkampagnen aufzugreifen und noch einmal aufzuwirbeln. In Österreich werden teure Berater mit Steuergeldern finanziert, die nur dafür da sind, um andere Politiker und ihre Parteien medial zu verunglimpfen[27]. Einer dieser ominösen Berater war Tal Silberstein, den die SPÖ für eine ihrer Kam-

26  www.oedeutsch.at/OEWORT/wort-des-jahres/2017
27  www.krone.at/1933197

pagnen beauftragt hatte. Was ich aus der Medien-berichterstattung mitbekommen habe, soll es seine Hauptaufgabe gewesen sein, im Zuge der National-ratswahl 2017 trügerische und falsche Inhalte über Sebastian Kurz zu verbreiten. Dabei ging es allein darum, diesen mit allen Mitteln schlecht dastehen zu lassen, was jedoch letztendlich aufflog und natürlich eine äußerst peinliche Angelegenheit für Christian Kern und sein Team war.

Die ÖVP nützte dieses Dilemma für sich aus und machte Cyberbullying zum Thema, indem man Kurz fortan medial in der Opferrolle positionierte. Man spürte ominöse Seiten auf, die ihn verunglimpften, wo ihm von Drogenmissbrauch, über Sex-Orgien bis hin zu Fake-Content alles Mögliche vorgeworfen wurde[28]. Ich persönlich denke, dass die ÖVP bereits an Tag eins des obskuren Ibiza-Gates in ihren Wahl-kampf startete. Kurz machte bei seinem ersten öf-fentlichen Statement zur Ibiza-Affäre ohne Beweise die SPÖ für die Produktion des Strache-Videos ver-antwortlich und brachte erneut den Namen Silber-stein ins Spiel (später wurden ihm derartige Unter-stellungen gerichtlich untersagt). Seither gab die ÖVP Unsummen für Social-Media-Werbung aus, um Kurz zum beliebtesten Politiker Österreichs zu ma-

---

28   orf.at/stories/3131935

chen. Die Aussage der ÖVP[29], keine Werbung für ihn zu schalten, sondern bloß ihre Partei-Beiträge auf Social-Media zu bewerben, teile ich absolut nicht. Im Gegenteil, ich finde, dass im Grunde genommen die ganze Zeit über nur Werbung für Kurz gemacht wird, Inhalte haben da nur wenig Platz. Überhaupt spielt das Internet schon immer eine tragende Rolle in der Karriere des türkisen Jungpolitikers.

Wenn die ÖVP das Thema Cybermobbing tatsächlich dafür missbraucht haben sollte, um Sebastian Kurz erneut zum Kanzler zu machen, wäre das wirklich beschämend und letztklassig. Ein derart erbärmliches Verhalten wäre verhöhnend und menschenverachtend und zutiefst zu verurteilen. Ein Problem, mit dem Menschen weltweit zu kämpfen haben, das Existenzen zerstört und das so viele Seelen berührt, darf nicht für politische Zwecke herhalten!

Zudem stört es mich enorm, wenn wichtige Themen von Schmutzkübelkampagnen überdeckt werden. Wenn große politische Entscheidungen für das Land anstehen, wenn demonstriert wird und Aktionen gestartet werden, wird man urplötzlich mit Ibiza-Gates und Shredder-Affären bombardiert. Und auf einmal wird völlig außer Acht gelassen, was bis

29   www.derstandard.at/story/2000104084140/oevp-gibt26-610-euro-fuer-anzeigen-auf-facebook-aus

dahin oberste Priorität hatte. Ich glaube, dass es heutzutage in der Politik immer weniger um Inhalte geht. Dirty Campaigning ist vergleichbar mit dem Kalten Krieg: Man kommt da nicht mehr heraus und weiß auch irgendwann nicht mehr, wer eigentlich angefangen hat. Man ist stets in Alarmbereitschaft, muss ständig weiter aufrüsten und sich mit den Taktiken der anderen auseinandersetzen. Man verteidigt sich und wartet mit einer Schmutzkübelkampagne nach der anderen auf.

Natürlich spaltet ein solch politisches Klima das Land. Man bekommt die ganzen Hetzkampagnen ja ständig mit, da jeder Social Media nutzt und wir dort damit zugespamt werden. Das war auch bei der Bundespräsidentenwahl zwischen Alexander Van der Bellen und Norbert Hofer so. Da wurden zwei Lager klar gegeneinander aufgehetzt, was ich ziemlich beunruhigend fand, aber momentan läuft das System bei uns eben so. Ich denke, dass sich dadurch die Gesellschaft Tag für Tag mehr entzweit. Das erinnert mich ein bisschen an den Bürgerkrieg von 1934: Schutzbund gegen Heimwehr. Es hieß Väter gegen Söhne, wobei ideologisch ein Riss durch Familien, Freunde und Kollegen ging, ähnlich wie heute. Die Medien waren stark, die Wirtschaft instabil und die Politik hohl.

Social Media wurde innerhalb der letzten Jahre zu

einer Art Katalysator für unsere Gefühle. Sowohl bei den Rechten als auch bei den Linken stellten sich zuletzt viele neue Ängste und Bedenken ein. Ich glaube, dass wir an einem Kulminationspunkt der Verunsicherung angelangt sind. Die Strache-Anhänger waren vom Ibiza-Video klarerweise wenig begeistert. Ebenso wenig die Grün-Wähler, als Glawischnig zu Novomatic ging. Und wie soll man über eine immer mehr in die Binsen gehende SPÖ glücklich sein? Ich habe das Gefühl, dass viele, die noch im alten politischen Schema aufgewachsen sind, allmählich das Vertrauen in die Politik verlieren. Gleichzeitig wird den Jungen in unserer Gesellschaft weder Halt noch Stütze geboten.

Diskriminierung ist besonders bei den Blauen ein Thema. Seit Jörg Haider die FPÖ zur Anti-Ausländerpartei schlechthin machte, produziert und verbreitet diese gezielt Hassinhalte über neue wie alte Medien, wobei vor allem Migranten und Parteigegner diffamiert werden. Das regt natürlich zu öffentlichen Debatten an, die Partei ist ständig medial präsent und es wird fleißig »geliket«, geteilt und kommentiert. Dieses Schüren von Hass verhärtet die Fronten und wird nie zu einer friedlichen Lösung führen. Manchmal habe ich das Gefühl, die FPÖ kann tun und lassen was sie will, Skandale liefern, Menschen missachten, Lügen verbreiten. Die Wähler bleiben ihr immer treu, solange sie nur gegen Ausländer ist.

Nicht von der Ausländerdebatte oder von Fake-News geprägt war ein Facebook-Streit zwischen H.C. Straches Ehefrau Philippa (Tierschutzbeauftragte der Bundes-FPÖ) und der Wiener Umweltstadträtin Ulli Sima. In Wien sind Hunde sehr beliebt, muss man wissen, und die Rechtslage wird von ihren Besitzern oftmals hitzig diskutiert. Hintergrund des Streits war, dass in Wien ein neues Gesetz rund um sogenannte Listenhunde beschlossen wurde. Künftig müssen Kampfhunde auf der Straße nun Leine und Beißkorb tragen und die Besitzer einen Wert von unter einer halben Promille Alkohol im Blut haben, womit man auf die tödliche Rottweiler-Attacke an einem Kleinkind in Wien im September 2018 reagierte.

Strache stichelte daraufhin gegen Sima via Facebook. Sie positionierte sich klar gegen das neue Gesetz, nannte Sima unter anderem »eiskalt«[30] und löste einen Shitstorm mit üblen Hasspostings gegen die rote Stadträtin aus. Diese beschuldigte wiederum Strache, Hass im Netz »zu befeuern« und ihre Wähler gegen sie aufzuhetzen. Die ganze Sache eskalierte derart, dass es am Ende zu Klagen mit Schuldsprüchen gegen die Verfasser einzelner Postings kam.

30  kurier.at/politik/inland/klagen-nach-hasspostings-sima-ohne-verstaendnis-fuer-philippa-strache/400450258

Das Ganze ist natürlich ein medial aufgeplusterter Streit, der nicht zuletzt genau dazu dient, die Anhänger beider Lager gegeneinander aufzuhussen.

Was solche Angriffe mit einem machen? Ich vermute einmal, dass es Sima nicht gut ging, als ihr geschrieben wurde, dass man sie am liebsten erschießen würde. Und nach dem Mord am Deutschen Politiker Walter Lübcke sind solche Drohungen auch keineswegs auf die leichte Schulter zu nehmen. Auf der anderen Seite fand ich es ungeschickt, wie Sima mit der Kritik an ihrer Person umging. Anstatt besagtes Gesetz zu verteidigen und die sozialen Medien ruhen zu lassen, stieg sie auf Straches Mätzchen ein und trug so ihren Teil zu der unrühmlichen Stänkerei bei. Menschlich sind für mich beide durchgefallen, um ehrlich zu sein, doch schon lange vor dieser Sache. Allerdings, wenn ich in der Apotheke stehe und eine der beiden möchte sich vor mich in die Schlange stellen, weil sie gerade eine fiese Grippe hat, lasse ich sie natürlich vor.

**Sigi Maurer**
Ein klassischer Fall von Cybermobbing ist jener von Sigi Maurer. Die Tirolerin war mehrere Jahre lang Nationalratsabgeordnete der Grünen in Österreich. Nachdem sie ihr politisches Amt niedergelegt hatte, wurde sie im Frühjahr 2018 Opfer sexistischer

Beleidigungen via Facebook. Der Besitzer eines Lokals, das sich in der Nähe ihrer Wohnung befindet, hatte ihr von seinem Account aus eine obszöne Privatnachricht geschickt. Weil Maurer sich dies nicht bieten lassen wollte, veröffentlichte sie die Nachricht daraufhin als Twitter-Posting, sichtbar für jeden im Netz. Sie wusste sich nur so zu helfen, da sie rechtlich so gut wie nichts unternehmen hätte können. Natürlich bestritt der Wirt die Tat vehement, der schon bald von einem Shitstorm heimgesucht wurde, sein Lokal erhielt fortan schlechte Kritiken und die Online-Bewertung sank. Er verklagte Maurer wegen übler Nachrede und Kreditschädigung. Diese wurde vom Landesgericht tatsächlich schuldig gesprochen und sollte neben den Prozesskosten noch eine Geldstrafe sowie Entschädigungszahlungen in Höhe von mehreren tausend Euro leisten. Das Oberlandesgericht Wien jedoch gab Maurer in zweiter Instanz recht und der Fall musste neu aufgerollt werden.

Hieran sieht man, dass es im Rechtswesen noch einiges an Aufholbedarf gibt, was unseren Gebrauch mit dem Internet angeht. Die Richter waren sich uneins darüber, wie und ob bewiesen werden soll, dass der Wirt auch wirklich der Verfasser der Nachricht an Maurer war. Das Erstgericht will von Maurer einen Beweis der Schuld vom Wirten, das Oberlandesgericht wiederum sieht den Wirt in der Pflicht, seine Unschuld zu beweisen. Der behauptet nämlich, dass sein Computer öffentlich zugänglich gewesen sei und im Prinzip jeder Gast in Frage gekommen wäre, die Tat begangen zu haben. Maurer ist jedoch zuversichtlich, den Fall letzten Endes für sich zu entscheiden. Ihre diesbezügliche Crowdfunding-Kampagne übertraf jedenfalls alle Erwartungen und am Ende kamen über hunderttausend Euro zusammen. Mit diesem Geld war es Maurer möglich, den Rechtshilfefonds ZARA[31] gegen Hass im Netz ins Leben zu rufen.

Den breiten Zuspruch für Maurer in der Öffentlichkeit deute ich als ein positives Zeichen. Oft beschwert man sich ja über uns Frauen, wieso wir nichts tun, wenn wir in Bedrängnis geraten. Die Frage »Wieso hast du nichts gesagt?« kennt seit #metoo wohl jedes Kind. Dabei zelebrieren wir den Gedanken, dass man sich in unserer offenen und gerechten Gesellschaft mit allem an jeden wenden kann. Versucht dann jemand, sich tatsächlich zur Wehr zu setzen, wie Maurer es gemacht hat, so ist das wiederum auch nicht allen recht. Ich persönlich glaube fest daran, dass sie die Wahrheit sagt. Dass also die übergriffigen Nachrichten (am Ende waren es nämlich mehrere) an sie von besagtem Wirt kamen. Denn wäre er wirklich unschuldig, hätte er meiner Meinung nach nicht derart gegen sie gewet-

31  www.zara.or.at

tert. Und Maurer tat eben das, was jede Frau tun würde, wenn sie belästigt und attackiert wird. Sie wurde laut. Natürlich war die Art und Weise bloßstellend, wie sie die Veröffentlichung des Hass-Contents handhabte. Andererseits hat der Wirt selbst Schuld an der Situation. Er wollte provozieren, was aber total in die Hose ging und jetzt ist er in seiner Ehre gekränkt. Ihm wäre es lieber gewesen, Maurer hätte nichts getan und seine Beschimpfungen über sich ergehen lassen. Auch konnte er es nicht bei einer Nachricht belassen, er musste weitermachen. Er wollte, dass sie sich als Opfer schlecht fühlt. Ich jedenfalls freue mich darüber, dass Maurer mit dem Crowdfunding-Geld ihren Fonds einrichten konnte und ich wünsche ihr weiterhin viel Erfolg für dieses Projekt.

**Jolanda Spiess-Hegglin**
Die ehemalige Grüne Eidgenossin Jolanda Spiess-Hegglin verklagte die Schweizer Zeitung »Blick«, da diese sie in ihrer Berichterstattung verunglimpft und so ihre Privat- sowie Intimsphäre verletzt hatte. Konkret ging es dabei um die (nicht nachgewiesene) Vergewaltigung Spiess-Hegglins durch einen SVP-Politiker unter Zuführung von K.O.-Tropfen. Aufgrund der parteilichen Berichterstattung, welche die Aktivistin als Lügnerin darstellte, kam es in mehreren Online-Foren und sozialen Netzwerken zu argem Bullying. Auch dagegen

ging sie vor und verklagte mehr als zweihundert Verfasser von gegen sie gerichteten Hasspostings, die sich auf den Fall bezogen hatten.

Ich finde Spiess-Hegglins Idee, die persönliche Konfrontation mit Ihren Hasspostern zu suchen, natürlich positiv. Das Angebot, ihre Anzeige bei einem Treffen (bei dem Reue gezeigt und eine Entschuldigung ausgesprochen würde) zurückzuziehen, bewog letzten Endes doch einige, sich zu einer Aussprache mit ihr bereit zu erklären. Laut der Ex-Politikerin waren das eben »Menschen, die mich beschimpft haben oder bedroht, aufgrund der falschen Berichterstattung«[32]. Allerdings bin ich etwas skeptisch, ob sich in den Köpfen der Täter dadurch wirklich etwas ändert. Ihnen ist sie vermutlich noch immer unsympathisch und einige werden sich durch diese Aktion bestimmt gedemütigt fühlen. Jedoch denke ich, dass so etwas wie Skepsis, Antipathie oder Misstrauen in jedem von uns steckt. Wir müssen nur lernen, unsere Emotionen richtig zu kanalisieren. Es bringt nichts, sich an anderen auszulassen. Und wer weiß? Möglicherweise wird so ja tatsächlich der eine oder andere einsichtig. So oder so ist es eine gute Sache, wenn sie diese Thematik in den medialen Fokus rückt.

32  www.derstandard.at/story/2000100672489/der-wert-der-privatsphaere-ehemalige-gruenen-politikerin-klagt-blick

## Journalismus

Den gesellschaftlichen Stellenwert eines Themas erkennen wir häufig daran, wie intensiv es in den Medien behandelt wird. Selbst wenn man sich nicht damit befasst, so merkt man doch, dass Online-Diskriminierung in der Berichterstattung etlicher Sender, Zeitungen und Magazine mehr und mehr aufgegriffen wird. Beim ZDF oder dem Standard ist »Hass im Netz« mittlerweile sogar zu einer eigenen Rubrik geworden. Ich denke nicht, dass dahinter allein die Gier der Journalisten nach Profit steckt, nein, viele verfolgen tatsächlich einen sozialen Auftrag. Das merkt man an der Art, wie sie ihre Artikel verfassen. Das merkt man an der Art, wie sie ihre Berichte gestalten. Und das merkt man an der Art, wie auch sie von Cyberneidern verunglimpft werden.

Durch die Flut an Nachrichten, die bei mir am Handy als Feed durchlaufen, bleibe ich einigermaßen am Ball. Mal klicke ich auf dies, mal auf das, lese hier ein paar Zeilen oder dort einen Artikel. Wirklich gerne jedoch nutze ich Twitter, wo ich mir jeden Tag anschaue, welche Trends es so gibt. Oder ich suche gezielt nach Hashtags, Begriffen und Personen, die mich interessieren, Neuigkeiten finde ich immer. Das ist schon eine ganz eigene Art der Informationsbeschaffung. Ich gebe ein, was mich bewegt und sehe, was andere dazu meinen. Und welche Journalisten darüber twittern –

vor allem jene, deren Meinung ich schätze und die ich womöglich persönlich kenne. Über ihre Tweets gelange ich dann auf externe Seiten, wo ich die kompletten Artikel oder Interviews vorfinde. Auch ältere Berichte oder Postings von Leuten, von denen ich das Gefühl habe, sie wissen wovon sie schreiben, lese ich mit großer Aufmerksamkeit, denn das Offensichtliche kann ich mir schließlich auch selbst zusammenreimen. Ebenso höre ich mir Nachrichtensendungen im Radio an. Die Möglichkeit der Nachrichtenselektion schätze ich ungemein, da ich mir so mein eigenes Bild zu einem Thema machen kann und nicht an ein Medium gebunden bin. Es geht mir darum, welche Information ich beziehe und nicht woher.

Nachrichten lese ich heute eigentlich überwiegend online. Früher begeisterte es mich, am Frühstückstisch in der Zeitung der Eltern zu stöbern, auch wenn ich kaum etwas davon verstand. Ich liebte einfach die Aufmachung und das ganze Drumherum, was für mich als Kind etwas Magisches hatte. Das ist jetzt natürlich nicht mehr so und es ist auch bei weitem nicht mehr dasselbe. Überhaupt ist die Nähe zwischen der Zeitung und dem Leser nun eine völlig andere. Früher las man einen Artikel und dachte sich: Wahnsinn, welch großartiger Mann! Der sitzt und schreibt und denkt für die Zeitung. Nur bekam das niemand mit, genauso wenig, wie die negativen

Kommentare. Die Berichterstattung blieb in der Regel also unkommentiert, außer man verfasste einen Leserbrief, der es allerdings erst einmal durch die Zensur schaffen und abgedruckt werden musste. Da überlegte man sich also schon zwei- oder dreimal, was man denn der Zeitung schrieb. Und jetzt denkt man sich: Was hat der denn für eine Krawatte um? Schwupps, schon ist der Gedanke gepostet und es gibt Reaktionen darauf. Doch hat das nichts mit den journalistischen Fähigkeiten des Reporters zu tun, es ist einfach nur belanglos. Ich meine, man muss nicht alles mit der Welt teilen, was man sich so denkt.

Selbstverständlich haben auch Personen des öffentlichen Lebens (was Reporter ja sind) ein Recht auf ein Privatleben. Das Problem ist nur, wenn man ihnen das nicht zugesteht. Ingrid Thurnher etwa kritisierte man eine Zeit lang aufgrund ihres Aussehens. Und das, obwohl sie nach wie vor eine wunderschöne Frau ist. Nur weil man müde ist oder vielleicht mal eine stressige Phase in seinem Leben hat oder krank wird, sagt das doch lange nichts darüber aus, ob man seinen Job gut macht oder nicht. Ich finde es arg, dass man sie auf Social Media als Moderatorin darauf reduzierte. Andere haben Zahnschmerzen oder Diabetes und gehen zur Arbeit; sie reißen sich zusammen und das tat sie eben auch.

Ich hörte einmal einen interessanten Vortrag darüber, wie Bilder in der Presse auf uns wirken. Sie sollen etwas in einem auslösen und nicht selten werden sie ja manipulativ eingesetzt. In den meisten Fällen sind es jedoch Stockfotos oder Schnappschüsse, denen man nur wenig entgegenzuwirken hat. Denn in der Öffentlichkeit kann man sich höchstens eine Zeit lang verstellen. Du kannst nicht bei jedem Treffen, egal ob beim Opernball oder auf einem Kongress, in jeder Sekunde deine Mimik kontrollieren und als Fotograf hast du auch nicht immer die Möglichkeit, zu sagen: Pose bitte einmal schön, ich brauche noch ein Foto von dir. Leider.

# RECHT, POLITIK, WIRTSCHAFT, ZIVILCOURAGE

## Ein Überblick

Wie soll gegen Online-Diskriminierung vorgegangen werden? Was können wir tun? Natürlich sehen wir erst einmal die Politik in der Pflicht, entsprechende Rahmenbedingungen zu schaffen, die die Kommunikation im Web gesetzlich regeln. Aber auch die Online-Multikonzerne sind angehalten, effektiver zu handeln. Immerhin sind sie es ja, die Hasscontent überhaupt erst eine Plattform geben. Als nicht zu unterschätzende »Werkzeuge von unten« sehe ich schließlich den Aktivismus und die Zivilcourage, da beide ungeahnte Dynamiken innerhalb der Bevölkerung freisetzen können.

Es gilt, das Internet zu einem dauerhaft sicheren Ort zu machen. Dafür braucht es einerseits die richtigen Maßnahmen, andererseits Schutz und Kontrolle – Dinge, die zu einhundert Prozent garantiert sein müssen. Das Ignorieren und Blockieren gewisser

User mag ja eine gute Methode sein, um sich lästige Quälgeister vom Hals zu halten. Langfristig gesehen ist das aber mit Sicherheit keine Lösung. Im Internet sollte es daher (wie in jedem geschützten Rahmen) professionelle Instanzen geben, die eine schlichtende Funktion innehaben und diese auch konsequent ausführen. Mit anderen Worten: ein ausgebildetes Fachpersonal, das Cyberneider ausfindig und unschädlich macht.

Die besten Vorsätze, Maßnahmen und Gesetze helfen allerdings nur dann, wenn wir alle an einem Strang ziehen. Dafür müssen wir offener werden, sozialer und bewusster leben. Empathie und Hilfsbereitschaft gehören großgeschrieben, Toleranz ist keine Schwäche. Ich sehe, wie sich mehr und mehr Menschen zusammentun, um die Welt ein wenig besser zu machen. Es ist bewegend und unglaublich erleichternd, dass so viele da draußen, Jung und Alt, gegen die Ungerechtigkeiten in unserer Gesellschaft ankämpfen. Sie gründen Vereine, gehen auf die Straßen, machen mobil. Jeder gibt was er kann und tut, was er imstande ist zu leisten. Ich finde, daran sollten wir uns alle ein Beispiel nehmen.

## Lauter oder stiller Protest?

Da sich Aktivisten (wie der Name schon sagt) aktiv und (meist) öffentlich für eine Sache einsetzen, stoßen sie mit ihren Anliegen nicht selten auf Gegenwehr. Aus Erfahrung kann ich sagen, dass die Aufgabe der eigenen Anonymität einen hohen Preis hat und wie wir wissen, kann man im Internet schnell zu einer Zielscheibe für Mobber werden. Da Aktivisten von ihrer Sache jedoch vollends überzeugt sind, ziehen sie diese auch durch. Natürlich fragen sie sich trotzdem: Warum greift man mich an? Wie kann man meine Argumente nicht verstehen? Man muss mir doch recht geben, schließlich bin ich ja für eine gute Sache! Leider gibt es unzählige reaktionäre Kräfte, die mit aller Gewalt gegen die kritischen Geister im Volk vorgehen, da sie durch sie ihre Stellung gefährdet sehen. Ihre Waffen sind Fake-News und Propaganda, während sie von verblendeten Mitläufern gestützt und legitimiert werden. Das war vor achtzig Jahren schon einmal so.

Übrigens kam es auch im Nationalsozialismus zu massiven Demonstrationen gegen Antisemitismus und Gewalt. Die Leute standen auf, um gemeinsam durch die Gassen zu ziehen, wie in Berlin oder Bochum. Nur wurde das von den Nazis totgeschwiegen

(Pressefreiheit gab es natürlich keine) und danach auch von den Alliierten, weil ja alle Deutschen böse zu sein hatten und es nur wenige Gute in der Bevölkerung gab. Bestimmt hätte damals das Internet den Demonstranten dabei geholfen, ihren Protest hinaus in die weite Welt zu tragen und dem Ausland zu zeigen, dass sie nicht zu diesen Unmenschen gehörten.

Im Zuge der aktuellen Debatte um Hass und Online-Diskriminierung, die ja jetzt schon über mehrere Jahre geht, durfte ich einige bemerkenswerte Menschen kennenlernen. Zudem wurde ich auf eindrucksvolle Aktionen, Bewegungen sowie Organisationen aufmerksam gemacht. Ich finde auch viele feministische Ansätze äußerst positiv und notwendig. Weiblichkeit ist nämlich weit mehr als die Kritik am Gendergap oder das offene Sprechen über die Menstruation. Mir persönlich ist es einfach wichtig, mich als Frau hinstellen und meine Meinung kundtun zu können – ohne Angst vor irgendwelchen Konsequenzen und ohne das Gefühl zu haben, nicht gehört zu werden.

**Aktiv im Netz**
Frauenzeitschriften gibt es in Hülle und Fülle, feministische Magazine hingegen so gut wie keine. 2018 führte ich mit an.schläge ein interessantes Gespräch, wobei es unter anderem um Hass, Missbrauch sowie

um die Online-Kritik an meiner Person ging. Das Magazin gibt es seit 1983 und ist somit älter als ich. Die darin behandelten Themen sind aufwändig aufbereitet und recherchiert. Man merkt einfach, dass den Macherinnen ihr Job am Herzen liegt. Die Arbeit von an.schläge empfinde ich als sehr positiv und wichtig, da es ohnehin zu wenig qualitative Berichterstattung auf diesem Gebiet gibt und ich kann nur hoffen, dass uns dieses Blatt noch lange erhalten bleibt.

Ebenfalls in Wien beheimatet ist #aufstehn[33]. Im Zuge der bereits erwähnten ORF-Sendung »Hass im Netz« bot sich mir die Möglichkeit, mit der Initiatorin Maria Mayrhofer zu sprechen. Ihr Verein hat es sich zur Aufgabe gemacht, Barrieren zu überwinden, Ungerechtigkeiten zu bekämpfen und sich für Gleichberechtigung jedweder Art einzusetzen. Er unterstützt auch kleinere Gruppen bei Kampagnen für Volksbegehren und ähnlichem, damit so etwas auch ohne politische Parteien organisiert werden kann. Laut Website definiert sich #aufstehn als »eine wachsende Community engagierter Menschen, die sich für progressive Politik, soziale und ökonomische Fairness und ökologische Verantwortung«[34] einsetzt. Leider

33 #aufstehn und Sarah Wagenknechts Bewegung »Aufstehen« sind zwei unterschiedliche und voneinander unabhängige Organisationen
34 www.aufstehn.at/aufstehn-stellt-sich-vor

blieben Mayrhofer und ihr Team nicht von Cyber-angriffen verschont. Doch anstatt sich einschüchtern zu lassen und aufzugeben, macht #aufstehn weiter und hat mittlerweile noch eine Seite[35] ins Leben gerufen. Dort wird Usern die Möglichkeit geboten, aktiv gegen Hass im Netz vorzugehen – eine Maßnahme, die langsam auch bei uns Fuß zu fassen scheint.

Auch die Werbewatch-Group Wien nimmt sich diskriminierendem Content im Internet an, genauer gesagt sexistischer Werbung. Ihr Team besteht »aus ausgewiesenen ExpertInnen im Bereich Gender/Sexismus innerhalb der Stadtverwaltung sowie unabhängigen, externen ExpertInnen«[36]. Inhaltlich orientiert man sich an der »Watchgroup gegen sexistische Werbung« des Grazer Frauenrats (übrigens: aus Graz kommt auch die viel gerühmte BanHateApp). Mir persönlich gefallen die Ansätze der Werbewatch-Group. Ich finde die Sexismus-Definition auf ihrer Website gut getroffen und leicht verständlich für alle; auch die Artikel und Hintergrundtexte zu einzelnen Themen sowie die Infos zur Institution selbst finde ich gelungen und transparent. Bei ihrem Aufruf zur aktiven Mitarbeit wird zudem nicht vermittelt, irgendwen zu denunzieren, sondern es geht um

35  solidaritystorm.at mit dem Hashtag #solidaritystorm
36  www.werbewatchgroup-wien.at

ein echtes Auseinandersetzen mit dem Sachverhalt (so wie bei einer richtigen Anzeige eben). Stößt man auf eine diskriminierende Werbung, nimmt man sich ein paar Minuten Zeit, klickt auf die Website, füllt das Formular aus und das war's – das kann wirklich jeder.

Gut tausend Autobahnkilometer weiter nordwestlich stoßen wir auf die gemeinnützige Organisation »Pinkstinks«, welche sich selbst als »eine Protest- und Bildungsorganisation gegen Sexismus und Homophobie«[37] bezeichnet. Die Gruppe mit Sitz in Hamburg lebt von Förderungen und Spendengeldern, mit denen sie »medialen Sexismus« bekämpfen. Dafür wurde unter anderem die Website werbemelder.in eingerichtet, eine Plattform, wo man Werbeinhalte melden kann, die klar sexistisch motiviert sind. Pinkstinks sind auf Facebook, Instagram, Twitter sowie YouTube vertreten, betreiben einen eigenen Blog und versenden regelmäßig Newsletter an ihre Fans. So bleibt man stets informiert. Mit HateAid, LoveStorm oder dem No-hate-speech-Movement gibt es in Deutschland noch weitere Einrichtungen, die sich für ein gerechteres Miteinander im Internet stark machen. Die große Zahl an Hilfsplattformen zeigt uns, wie groß die Nachfrage eigentlich ist. Vor allem

37 pinkstinks.de/was-wir-tun

junge Menschen nutzen sie gern, da sie sich oft nicht trauen, offen mit Freunden oder der Familie über ihre Mobbingerfahrungen zu sprechen.

Jolanda Spiess-Hegglin, Aktivistin und Ex-Grüne, (die weiter vorn im Buch den persönlichen Dialog mit ihren Hasspostern sucht) ist die Initiatorin der Schweizer Online-Plattform netzcourage.ch (Hashtag #NetzCourage). Ihr Portal hilft Menschen, Anzeigen bezüglich Hasscontent in Form von Sexismus, Rassismus und generell Diskriminierung einzubringen. Spiess-Hegglin ist trotz all der Steine, die ihr in den Weg gelegt werden, nicht kleinzukriegen und zum Glück auch nicht das einzige Vergewaltigungsopfer, das über die neuen Medien laut wurde.

### #MeToo

Im Herbst 2017 kam es durch die Missbrauchs- und Vergewaltigungsvorwürfe gegen den amerikanischen Filmproduzenten Harvey Weinstein zu einer noch nie dagewesenen, globalen Social-Media-Debatte über sexuelle Belästigung am Arbeitsplatz. Losgetreten wurde sie von der Schauspielerin Alyssa Milano, die sowohl mit der Ehefrau Weinsteins als auch mit einigen Opfern des Filmemachers befreundet war beziehungsweise immer noch ist. Als sie von den Übergriffen Weinsteins erfuhr, veröffentlichte sie kurze Zeit später auf Twitter folgendes Posting:

*»Wenn du sexuell belästigt oder angegriffen wurdest,*
*schreibe ›me too‹ als Antwort auf diesen Tweet.«[38]*

Aus »me too« wurde so ein Hashtag, den Twitter-User unter ihre Reaktionen setzten (übrigens: diesen Hashtag gab es in der afro-amerikanischen Frauenbewegung schon lange zuvor).

Als die »Hollywood-Debatte« ins Rollen kam, konnte freilich niemand ahnen, welchen Einfluss sie binnen weniger Woche auf das weltweite Geschäftsleben nehmen würde. In den letzten zwei Jahren entstand daraus eine dermaßen weitreichende Dynamik, dass sich nicht nur die Medien, sondern auch die Politik und die Judikative davon beeinflussen ließen. Vielerorts wurden Anschuldigungen erhoben und aufgedeckt, was oft jahrelang unter den Teppich gekehrt worden war. Andererseits gab es auch Kritik an #metoo, die, wie ich finde, zum Teil berechtigt war. Eines der häufigsten Gegenargumente lautete, dass so alle Männer sowie alle körperlichen Handlungen pauschalisiert und schlechtgemacht würden, wodurch man den Puritanismus fördere. Zudem wurden der Hashtag und seine Debatte von unzähligen Personen und Gruppen für ihre Interessen instrumentalisiert

38  www.spiegel.de/panorama/justiz/harvey-weinstein-me-too-twitter-aufruf-von-alyssa-milano-a-1173042.html

und missbraucht, was ebenfalls zu verurteilen ist.

Man hört eigentlich schon seit Jahrzehnten hinter vorgehaltener Hand, dass Schauspielerinnen oder Models im Showbusiness sexuell belästigt und missbraucht werden. Da diese Frauen jedoch Angst um ihren Ruf und auch um ihre Karrieren haben, schweigen sie lieber jahrelang über das, was ihnen widerfahren ist, als damit an die Öffentlichkeit zu gehen. Sie verdrängen und verbergen es in den tiefsten Abgründen ihrer Seele, was nicht selten in Angst, Panikattacken, Essstörungen, Dysmorphophobie, Alkohol- oder Drogenmissbrauch ausufert. Es braucht sehr viel Mut, um sich öffentlich gegen solch reiche und übermächtige Täter zu stellen, die ihrerseits über enormen Einfluss verfügen. Letzten Endes waren es jedoch tausende Frauen, die im Zuge der Debatte so mutig waren, sich zu Wort zu melden. Ein Hashtag, der sozusagen die Welt veränderte. In der Deutschschweiz wurde MeToo 2017 übrigens zum Wort des Jahres[39] gekürt.

**Anonymous**
Anonymous steht im wahrsten Sinne für die Selbstjustiz im Internet. Wenn man so will, sind sie die Robin Hoods unter der Hackern, selbsternannte Retter

39  www.zhaw.ch/de/linguistik/wort-des-jahres-schweiz

der Armen und Kranken, Witwen und Waisen. Hackerangriffe in Politik und Finanzwesen, Cyberattacken gegen Großkonzerne, Leaks, Flashmobs, Denunzierungen, gezielte Diffamierungen oder Darknet-Verleumdungen gehen nicht selten auf ihr Konto. Sie setzen sich für eine freie und uneingeschränkte Internet-Politik ein und richten sich mit ihren Aktionen vor allem gegen die Obrigkeit wie Parteien oder ganze Regime (und besonders gegen Scientology); doch auch kleineren Ungerechtigkeiten nehmen sie sich an.

Anonymous ist keine fixe Gruppe und richtet sich nach keinerlei Hierarchie. Vielmehr handelt es sich um ein Kollektiv loser Personen, wie Hacker und Internet-Aktivisten, die nicht zwingend in Kontakt zueinander stehen oder einander kennen. Man kann sie also am ehesten als eine (Anarcho-)Bewegung verstehen, die ähnlich wie terroristische Zellen agiert, wobei alle unter demselben Namen auftreten und eine weitgehend gleiche Gesinnung haben. Sie entsprangen ursprünglich diversen Foren und Boards (zum Beispiel 4chan.org) und sind aufgrund ihrer Anonymität sowie der losen Vernetzung nur schwer zu erfassen. 2019 kam es kaum noch zu Aktivitäten von Anonymous, was darauf schließen lässt, dass die Bewegung sich wohl ihrem Ende entgegengeneigt hat. Doch seit kurzem liest man wieder von ihnen – rund um die Debatte um Artikel 13.

Anonymous liegt mit seinen Aktionen jedoch leider nicht immer richtig, wie im Fall von Amanda Todd, dem Mädchen, das von ihrem Online-Mobber in den Selbstmord getrieben wurde. Mitglieder der Gruppierung spürten in Kanada einen Mann auf und beschuldigten ihn, Todds Mobber zu sein, woraufhin diesem mit Cyberattacken und Morddrohungen arg zugesetzt wurde. Als es den Behörden dann gelang, den wahren Täter aufzuspüren und vor Gericht zu stellen, war klar, dass Anonymous den Falschen erwischt hatte. Dies schadete dem öffentlichen Ansehen der Bewegung enorm. Allerdings sollte auch bedacht werden, dass andere »Fehlgriffe« des anonymen Kollektivs, die ihm angekreidet werden, gar nicht von diesem ausgingen, sondern als Fake-News von irgendwelchen Gegnern gestreut wurden.

### Gelbwesten

Das Mouvement des Gilets jaunes (Gelbwesten-Bewegung) hat zwar nur bedingt etwas mit Diskriminierung im Internet zu tun. Gänzlich aussparen möchte ich sie dennoch nicht, da ihr Engagement stark ans Web gekoppelt war und dort in puncto Bürgerrechte heftige Kontroversen auslöste. Als Frankreich Ende 2018 beschloss, den Benzinpreis innerhalb kurzer Zeit erneut zu erhöhen, schlossen sich spontan und ohne politische Führung Menschen aller Gesellschaftsschichten sowie Berufsklassen zusammen, um dagegen zu protestieren. Man rief über die sozialen Medien zu Demonstrationen auf, an denen sich im ganzen Land insgesamt dreihunderttausend Leute beteiligten: Lastwagenfahrer, Krankenschwestern, Schüler, Pensionisten, Studenten, Aktivisten, Arbeitslose. Das gemeinsame Erkennungszeichen: eine gelbe Warnweste. Aufgrund der enormen Mobilisierung wurde fortan wöchentlich demonstriert. Mit der Zeit unterwanderten allerdings unterschiedliche Gruppierungen und Parteien die Gelbwesten, um sie für ihre Interessen zu missbrauchen. Gleichzeitig zog man auch Rechts- wie Linksradikale an, die sich regelmäßig Gefechte mit der Exekutive lieferten. So distanzierten sich mehr und mehr Sympathisanten von den Gelbwesten, bis die Bewegung schließlich zerbröckelte.

Die Wut auf die Regierung ist dieser Tage groß, da viele Franzosen am Existenzminimum leben und sich oft nicht einmal mehr das Notwendigste zum Leben leisten können, wie Miete, Kleidung oder die täglichen Ausgaben. Und das in einem wohlhabenden EU-Staat wie Frankreich. So wurden die sozialen Missstände im Land rasch zum eigentlichen Thema der Gelbwesten und Emmanuel Macron ihr großes Feindbild. Tatsächlich gelang es sogar, anhand der

Bewegung einige fragwürdige Reformen seitens der Regierung zu verhindern, wofür die nächste Generation noch dankbar sein wird.

Ich vermute, dass es die Gelbwesten-Bewegung ohne das Internet in dieser Form wohl nie gegeben hätte. Ihr Online-Auftritt sorgte für rege Diskussionen im Land, was die Menschen irgendwie einte. Linke, Rechte und Unparteiliche gingen gemeinsam auf die Straßen, weil sie davon im Internet gehört hatten und die Sache gut fanden. Natürlich klingt das romantischer als es in Wirklichkeit ist, denn wie so oft bei den neuen Medien, war auch in diesem Fall nur eine Handvoll User für einen Großteil der Postings verantwortlich, die im Zuge der Gelbwesten-Debatte im Netz kursierten (was durchaus auf ein Lenken in gewisse Richtungen hinweist). Auch einfache Tricks (wie das gezielte Setzen unterschiedlicher Hashtags) zeigten hier, dass die Massen vor allem online leicht manipulierbar sind.

### Malala Yousafzai

Inspiriert von Anne Frank schrieb Malala Yousafzai regelmäßig im Alter von nur elf Jahren über ihren Alltag als Mädchen im Taliban-Regime. Da ihr Blog von BBC gesponsert wurde, verbreiteten sich die Berichte rasch und schon bald erlangte Malala weltweite Bekanntheit. Ihr Vater war Leiter einer Mädchenschule gewesen, die nach der Übernahme der Taliban jedoch geschlossen werden musste, da den Frauen der Zugang zu Bildung fortan strikt untersagt wurde. Jahrelang protestierte Malala öffentlich dagegen und übte Druck auf die Obrigkeit aus, um ihre Schulbildung weiterführen zu können – bis es eines Tages passierte: Bei einem Taliban-Attentat schoss man ihr aus nächster Nähe ins Gesicht. Wie durch ein Wunder überlebte die damals Fünfzehnjährige und wurde umgehend in ein Krankenhaus gebracht, von wo aus man sie kurz darauf nach England überstellte.

Seit ihrer Genesung ist Malala nicht mehr aufzuhalten. Ich folge ihr auf Twitter und finde unglaublich gut, was sie tut. Ihr Hauptanliegen ist nach wie vor der uneingeschränkte Bildungszugang für alle Frauen, was weltweit etwa hundertdreißig Millionen von uns versagt bleibt. Leider wird sie dafür immer wieder im Internet attackiert, vor allem Männern aus ihrer Heimat Pakistan stößt sie bitter auf. Ihr Vater und sie schafften es über die Jahre dennoch viele soziale Projekte ins Leben zu rufen. Malala folgen Millionen von Menschen auf Social Media und sie und ihre Familie nutzen die Bekanntheit, um Kapital für gute Zwecke zu generieren. Sie steht den neuen Medien kritisch gegenüber, ist aber der Meinung, dass mit ihrer Hilfe allgemein zur Aufklärung der Menschen beigetragen werden kann. Das Imposante an Malala ist einfach, dass sie diesen Anschlag auf sich überlebt hat und jetzt unbeirrt weitermacht. Nicht nur in meinen Augen ist sie eine wahre Kämpferin.

**Greta Thunberg**

Die schwedische Teenagerin Greta Thunberg ist eine international tätige Umweltaktivistin. Im Alter von fünfzehn Jahren blieb sie drei Wochen lang der Schule fern und setzte sich Tag für Tag mit einem Schild mit der Aufschrift »Skolstrejk för klimatet« (Schulstreik für das Klima) vor das Parlament. Ihr Ziel war es, im Zuge der Wahlen auf Schwedens Nichteinhaltung des Pariser Abkommens aufmerksam zu machen, welches vorsieht, den $CO_2$-Ausstoß schrittweise abzubauen. Nach diesen drei Wochen beschränkte Thunberg ihren Streik auf einen Tag pro Woche und schon bald fanden sich jeden Freitag Gleichgesinnte, die ihr Vorhaben unterstützten. Thunbergs Hashtags #FridaysForFuture, #schoolstrike4climate, #climatestrike und #klimatstrejk sind heute in aller Munde (oder Smartphones), laufend rufen Klimaaktivisten rund um den Globus zu Demonstrationen auf. In Europa gingen schon Hunderttausende deswegen auf die Straßen, zigtausende allein in Berlin, Hamburg und München.

Wiewohl Thunberg viele Anhänger hat, wird ihr

öffentlich nicht überall und einheitlich Unterstützung zuteil. Vor allem bei Klimawandelleugnern und in rechten Kreisen ist sie höchst umstritten und wie in den meisten Fällen von Cybermobbing wird sie nicht für ihre Taten kritisiert, sondern für ihr Alter, das Asperger-Syndrom, ihr Aussehen und so weiter. Enorme Kritik erntet sie auf auch Twitter, wo die Teenagerin selbst hochaktiv ist. Ich denke aber, dass ihre Beliebtheit auf Social-Media (wo ihr mehrere Millionen Nutzer folgen) sowie die zahlreichen humanitären, staatlichen und medialen Auszeichnungen klar für sie sprechen. Zudem ist es ihr gelungen, Menschen generationenübergreifend zusammenzubringen und für eine Sache zu kämpfen, nämlich für unsere Zukunft. Sie sensibilisiert die Älteren für Themen wie Nachhaltigkeit oder Umweltschutz und schafft gleichzeitig bei Kindern und Jugendlichen ein Bewusstsein für einen verantwortlichen Umgang mit den Rohstoffen unseres Planeten.

Ich denke, dass durch die frühe Identifikation mit unserem Planeten unser Verantwortungsbewusstsein nachhaltig im kollektiven kulturellen Gedächtnis verankert wird. So können manche Umweltsünden und damit verbundene Schäden künftig erst gar nicht entstehen. Und auch friedliche Demonstrationen gehören zu einer gesunden Demokratie dazu. Greta Thunberg ist es gelungen, sich mit einer Einstellung Gehör zu verschaffen, die viele Menschen teilen. Nicht zuletzt findet dank ihr ein globaler Austausch zur Problematik rund um den Klimawandel statt und ich denke, dass wir uns nun wirklich am Anfang einer globalen Klimarettung befinden.

## Rechtslage

Jede vom Volk gewählte Regierung verschreibt sich dazu, dessen Wünschen, Forderungen sowie Problemen bestmöglich nachzukommen. Online-Diskriminierung ist ein solches Problem. Soweit ich weiß, ist es die Aufgabe der Politik, Experten (wie Wirtschafter, Juristen oder Forscher) zu finden, um aufgrund ihrer Prämissen Gesetzesvorschläge zu machen. Es ist nun einmal so, dass das Rechtssystem nur schrittweise an die neuen Verhältnisse der rasch voranschreitenden Digitalisierung angepasst werden kann. Es ist veraltet, zum Teil überholt und es gilt nun, neue Wege zu finden, um die Demokratie auch im Internet fest zu verankern. Unsere Gesellschaft ist schnelllebiger und zielorientierter geworden und genauso schnell und gewissenhaft müssen auch Justiz und Politik agieren. Glücklicherweise gibt es aber auch kritische Stimmen, die dazu mahnen, keine Gesetze zu erlassen, die einer Totalüberwachung den Weg ebnen könnten. Auch wenn das Rechtswesen eine trockene Angelegenheit ist, so kann es nicht schaden, ein paar gesetzliche Basics zu kennen, die unsere Kommunikation im Internet regeln.

## Die EU – Artikel 13

Artikel 13 sowie weitere Teile der »Richtlinie des Europäischen Parlaments und des Rates über das Urheberrecht und die verwandten Schutzrechte im digitalen Binnenmarkt«[40] sorgten in den letzten Jahren für mächtig Wirbel. Durch die geplante EU-Urheberrechtsreform, die schon bald in Kraft treten wird, werden die Rechte der Urheber an das digitale Zeitalter angepasst. Sie sieht unter anderem vor, bei Gesetzesverstößen nicht mehr einzelne Personen zu belangen, die unerlaubte Inhalte hochladen, sondern die Unternehmen, welche diesen Content öffentlich zugänglich machen – sofern die betreffenden Plattformen kommerzielle Interessen verfolgen. Viele User haben deshalb Angst vor den berüchtigten Upload-Filtern, die Content künftig noch vor dem Upload scannen und zensieren könnten, wenn sie womöglich gewisse Urheberrechte verletzen. Bislang

40 www.europarl.europa.eu/doceo/document/A-8-2018-0245-AM-271-271_DE.pdf

war es so, dass alle Inhalte zuerst hochgeladen und dann auf ihre gerechte Nutzung geprüft wurden. Das könnte jetzt gerade bei Influencern zu großen Lizenzproblemen führen. Nicht wenige Jugendliche gingen sogar demonstrieren, um ihren Unmut über dieses Gesetz zu äußern, aus Angst, ihre Socia-Media-Stars zu verlieren.

Das Internet ist mit Sicherheit noch lange nicht so reguliert, wie es einmal der Fall sein wird. Und dagegen wehren sich einige, nicht zu Unrecht, wie ich meine. Mein Standpunkt zu Artikel 13 ist etwas ambivalent: Klar muss man Social-Media-Content filtern und überwachen, man soll auch Menschen anzeigen, die sich gegen Gesetze versündigen, online wie offline. Wir müssen gemeinsam schauen (wie es die Werbewatchgroup, Pinkstinks sowie andere NGOs und geförderte Organisationen bereits tun) und Einfluss auf die Werbeindustrie zu nehmen, um bestimmten Content zu entschärfen, sodass nicht ständig und überall unerreichbare Begehrlichkeiten in uns geweckt werden.

### Österreich

Die Türkis-Blaue Regierung (von 2017 bis 2019) hatte eine Reihe von Vorschlägen, mit welchen Gesetze gegen Diskriminierung im Internet vorzugehen wäre. Von einem digitalen Vermummungsverbot über Klarnamenpflicht bis hin zu saftigen Geldstrafen gab es allerlei wilde Ideen. Wirklich einigen konnte man sich jedoch auf nichts. Zugegeben, der Gesetzesentwurf von Blümel und Co. gegen Hassäußerungen im Netz[41] klang an sich ja ganz vernünftig. Einen solchen Ansatz fände ich nach wie vor begrüßenswert. Dennoch ist es zweischneidig, ein System zu schaffen, dass Internet-User kontrolliert und überwacht, da dieses logischerweise missbräuchlich verwendet werden kann und mit aller Wahrscheinlichkeit auch wird. Die Rede ist von der Totalüberwachung, weshalb Zensur auch immer mit großer Vorsicht zu genießen ist.

Eine Registrierungspflicht für die Nutzer gewisser Plattformen empfände ich alles in allem als richtig, wobei sich vor 2020 aufgrund der politischen Lage ohnehin einmal nichts tun wird. Mir persönlich ist aber auch eine gewisse Anonymität im Netz recht, schließlich möchte man nicht jeder Plattform seine gesamte Identität preisgeben. Doch wenn wir schon unsere Daten hergeben sollen, dann muss meiner Meinung nach dafür Sorge getragen werden, dass sie entsprechend geschützt und nicht einfach geleakt werden können. Auch bin ich nach wie vor skeptisch, ob die Zahl der Hasspostings wirklich abnimmt, würde man alles transparenter machen. Viele pos-

41  orf.at/stories/3118272

ten ja jetzt schon ungeniert Hasskommentare unter ihren echten Namen, was uns einmal mehr zeigt, dass die Anonymität doch keine so gewichtige Rolle spielt, wie bisher angenommen.

## Schweiz

Wie überall in Europa, so war auch in der Schweiz die Aufregung um die neue EU-Urheberrechtsform im Winter 2019 groß – und das, obwohl sie nicht einmal Mitglied der Europäischen Union ist. Parlament und Ständerat einigten sich deshalb lieber heute als morgen darauf, dass die Netzneutralität der Eidgenossen künftig per Gesetz geregelt wird (und somit über besagte EU-Bestimmungen hinausgeht). Maßgeblich beteiligt daran war übrigens die Digitale Gesellschaft. Im Zuge der Revision des Fernmeldegesetzes wurde hernach »Art. 12e Offenes Internet« beschlossen, der unter anderem besagt:

*»1) Die Anbieterinnen von Zugang zum Internet übertragen Informationen, ohne dabei zwischen Sendern, Empfängern, Inhalten, Diensten, Diensteklassen, Protokollen, Anwendungen, Programmen oder Endgeräten technisch oder wirtschaftlich zu unterscheiden.*

*2) Sie dürfen Informationen unterschiedlich übertragen, wenn dies erforderlich ist, um: a. eine gesetzliche*

*Vorschrift oder einen Gerichtsentscheid zu befolgen; b.*
*die Integrität oder Sicherheit des Netzes, der über dieses*
*Netz erbrachten Dienste oder der angeschlossenen*
*Endgeräte zu gewährleisten; c. einer ausdrücklichen*
*Aufforderung der Kundin oder des Kunden nachzu-*
*kommen; oder d. vorübergehende und aussergewöhnli-*
*che Netzwerküberlastungen zu bekämpfen. Dabei sind*
*gleiche Arten von Datenverkehr gleich zu behandeln.«[42]*

Eine Ausnahme wird lediglich für »sogenannte Spe-
zialdienste« gemacht.

## Deutschland

In Deutschland gibt es seit Anfang 2019 das »Gesetz
zur Verbesserung der Rechtsdurchsetzung in sozialen Netzwerken«, kurz »Netzwerkdurchsetzungs-
gesetz« (NetzDG). Es geht darum, dass laut Teleme-
diengesetz strafbare Inhalte auf Anfrage seitens der
Betreiber sozialer Netzwerke entfernt werden müssen. Auf der offiziellen Webpräsenz des Deutschen
Bundestags meint dieser dazu:

*»Das [NetzDG] verpflichtet Plattformbetreiber, ein*
*wirksames und transparentes Verfahren für den Um-*

---

42  www.parlament.ch/centers/eparl/curia/2017/20170058/
S4%20D.pdf

*gang mit Beschwerden vorzuhalten, das für Nutzer leicht erkennbar, unmittelbar erreichbar und ständig verfügbar ist. Offensichtlich rechtswidrige Inhalte müssen in der Regel innerhalb von 24 Stunden nach Eingang der Beschwerde entfernt werden. Für Inhalte, deren Rechtswidrigkeit nicht offensichtlich ist, gilt im Grundsatz eine Sieben-Tages-Frist.«[43]*

Werden diese Fristen nicht eingehalten, kann es für die Betreiber teuer werden. Zwar sorgt dieses Gesetz nach wie vor für Kritik, dennoch ist es das erste seiner Art und wird wohl oder übel in dieser Form noch einige Zeit erhalten bleiben.

### Gesetz gegen Contenus haineux

Im Sommer 2019 orientierte man sich in Frankreich bei einem Gesetzesentwurf gegen Diskriminierung im Internet am deutschen NetzDG. Nur, dass dort sämtlicher Hasscontent (wobei jede Plattform selbst festlegt, was Hasscontent ist und was nicht) binnen vierundzwanzig Stunden gelöscht werden muss, ohne Zusatzfristen oder Ausnahmen. Wie auch in Deutschland sind bei Übertretungen Strafen bis in die Millionenhöhe zu befürchten. Damit will die Re-

---

43   www.bundestag.de/dokumente/textarchiv/2017/kw26-de-netzwerkdurchsetzungsgesetz-513398

gierung erreichen, dass Konzerne künftig enger mit den Behörden zusammenarbeiten. Sogar ein eigenes Gericht für Hass im Netz soll bald eingeführt werden, was bestimmt auch für andere Länder eine interessante Option wäre, sollte sich dies in Frankreich bewähren.

## Maßnahmen der sozialen Medien

Meiner Meinung nach ist es längst an der Zeit, die Online-Multis ins Gebet zu nehmen. Nicht, um sie einzuschränken, im Gegenteil, vielmehr sollen sie in die rechtlichen Prozesse miteingebunden werden. Denn bei allen Maßnahmen und Gesetzen ist es natürlich notwendig, dass auch die Wirtschaft mitzieht. Da im Geschäft mit Daten und Kommunikation aber unglaublich viel Geld steckt, schauen Facebook, YouTube und Co. wohl ohnehin darauf, dass es ihren Kunden (zumindest oberflächlich) gut geht. Da wird Cyberbullying nicht gerne gesehen, weshalb Mittel und Wege gefunden werden müssen, um derartiges schnell zu unterbinden – was auch geschieht.

Offene Plattformen wie Boards oder Foren haben es ein wenig leichter als ihre Social-Media-Pendants. In Online-Foren ist es seit jeher üblich, dass immer ein sogenannter »Admin« online ist, der das Geschehen überwacht, sich um die Anliegen der User kümmert und eingreift, wenn es zu Streitigkeiten kommt. In der Regel ist solch ein Admin selbst aktives Forum-Member und somit fester Bestandteil der Community. Natürlich kann es auch passieren, dass Foren unterwandert werden oder plötzlich ausarten, was dann im Extremfall das Aus für die betreffende Plattform bedeutet. Eine wichtige und richtige Konsequenz war 2019 zum Beispiel die Schließung von »8chan«, einem Online-Board, auf dem sowohl das Christchurch-Massaker als auch das El-Paso-Massaker angekündigt worden waren.

## Facebook

Wenn ich in Facebooks Suchleiste »Bullying« eingebe, werden mir fünf Artikel angezeigt, wobei bloß einer den Begriff in der Überschrift integriert hat, nämlich:

*»Was soll ich tun, wenn ich von jemandem auf Facebook Bullying ausgesetzt bin, belästigt oder angegriffen werde?«[44]*

44   www.facebook.com/help/11632636511875I

**Die Antwort:**

*»Facebook bietet folgende Funktionen, um mit Bullying und Belästigung umzugehen. Je nach Ernst der Situation: Die Person als Freund/in entfernen, [...] Die Person blockieren [sowie] Melde die Person oder die beleidigenden Dinge, die sie postet.«*

**Und weiter:**

*»Zusätzliche Tipps. Der beste Schutz gegen Bullying besteht darin, zu wissen, wie man es erkennt und wie man es beendet. Hier findest du einige Tipps: Schlag nicht zurück. [...] Sprich darüber. [...] Dokumentiere und speichere Vorfälle. Wenn du dich in unmittelbarer Gefahr befindest, solltest du dich an deine örtlichen Behörden wenden. Besuche unseren Bullying Prevention Hub, um weitere Informationen, Funktionen und Ressourcen zu finden. Waren diese Informationen hilfreich?«*

Naja, insgesamt hat dieser Artikel gerade einmal zweihundertvierzig Wörter. Ein zweiter Hilfepunkt lautet »Was ist soziales Melden?« und knackt gerade mal die Hundertfünfzig-Wörter-Grenze. Tja, und das sind die beiden wesentlichen Hilfestellungen in diesem Bereich, welche ich gefunden habe. Die empfohlene Facebook-Bullying-Prevention-Hub ist zwar ein bisschen umfangreicher gehalten, richtet sich dezidiert aber nur an »Jugendliche, Eltern und Pädagogen«[45]. Ich denke also, dass es hier noch einiges an Aufholbedarf seitens Facebook gibt, woran laut Medienberichten jedoch schon auf Hochtouren gearbeitet werden soll. Wir dürfen also gespannt sein, was man für uns aus dem Hut zaubern wird.

## Instagram

Bei Instagram (das ja zum Facebook-Imperium gehört) setzt man neuerdings auf eine künstliche Intelligenz, die Texte, Bilder und Videos auf diskriminierende Inhalte scannt. Das sogenannte Community Operations Team überprüft noch einmal die betreffenden Postings auf mögliche Vergehen und löscht sie, sollten sie gegen die Datenschutzrichtlinien Instagrams verstoßen. Dort steht übrigens genau beschrieben, was erlaubt ist und was nicht. Auch die Blockierfunktionen von Content und anderen Usern sind relativ umfangreich gestaltet.

Instagram nimmt das Thema Cyberbullying ernst und bezieht sich mit der »Restrict«-Funktion auf genau dieses Thema – allerdings nicht mit Mahnungen oder Strafen, sondern auf subtilere Art. Eine künst-

---

45   www.facebook.com/safety/bullying

liche Intelligenz erkennt diskriminierende Inhalte, wie gesagt, noch vor dem Hochladen und weist die betreffenden User auf mögliche Verfehlungen hin. Zudem soll die Blockier- und Ignorierfunktion erweitert werden, um beim Posten seines Contents, unerwünschten Personen aus dem Weg gehen zu können. Zuvor wurde auch schon festgelegt, dass Nacktfotos sowie Bilder mit autoaggressiven Inhalten umgehend von der Plattform gelöscht werden.

Mir gefällt, dass bei Instagram wirklich auf das Verhalten der Nutzer eingegangen wird, indem verschiedene Features in die App eingebaut werden, die einen zum Schmunzeln, Lachen oder Strahlen bringen. Das Auftauchen hunderter von Herzchen, wenn man ein Selfie von sich macht, finde ich eine schöne Idee. So wird Instagram mit etwas Positivem verbunden, das vor allem dem jüngeren Publikum gut tun wird.

### YouTube

Selbstverständlich bietet auch YouTube seinen Usern Infos und Tipps auf der offiziellen Webpräsenz, wie bei Belästigung oder Cybermobbing[46] vorzugehen ist. Das Video dazu ist allerdings keine zwei Minuten

46 creatoracademy.youtube.com/page/lesson/policy-harassment?hl=de sowie support.google.com/youtube/answer/2802268?hl=de

lang und überdies nur in englischer Sprache verfügbar, was für das jüngere Publikum der DACH-Region leider nicht optimal ist. Was ich bei meinen Recherchen zudem erstaunlich fand, war das »Melden von sicherheitsrelevanten Vorfällen und Missbrauchsfällen«[47]. Wenn mir etwa ein Fall von Diskriminierung auffällt, kann ich diesen nicht melden, wenn ich nicht direkt in die Sache involviert bin. Das kann bloß durch die betroffene Person selbst geschehen. Komisch, oder?

Seit Herbst 2019 hat YouTube übrigens als eines der ersten großen sozialen Medien das Verschicken von Privatnachrichten deaktiviert. Auch Targeted Ads für Kinder sollen bald eingestellt werden. Wir werden also sehen, was sich hier noch tun wird.

**Twitter**
Ich komme noch einmal zur Suchfunktion. Gibt man in Twitters Hilfecenter[48] in die entsprechende Leiste »Mobbing«, »Cybermobbing« oder »Cyberbullying« ein, werden »keinerlei Ergebnisse gefunden«. Schließlich wurde ich aber doch noch fündig, als ich mich durch die Menüpunkte »Sicherheit« sowie »Regeln und Richtlinien« klickte. Ich finde, dass es auf

47   www.youtube.com/reportabuse
48   help.twitter.com/de

Twitter noch einmal schwieriger ist, zu sagen, was Hasscontent ist und was nicht, da es ein textbasiertes Medium ist, das zu einem erheblichen Teil von der Meinungs- und Pressefreiheit lebt. Was aber selbstverständlich nicht heißt, dass hier alles erlaubt ist.

## Fazit und Lösungsvorschläge

Abschließend meine ich, dass es unbedingt notwendig ist, eine internationale Rechtsgrundlage zu schaffen, die an unsere weltlichen Regeln gebunden ist und nicht an irgendwelche firmen- oder parteipolitischen Interessen. Denn je mehr Pro-Multi-Gesetze kommen, desto stärker werden sie ihre Anliegen durchsetzen und desto weniger werden wir noch selbst bestimmen können. Vielleicht wäre es gut, eine Art User-Vertretung ins Leben zu rufen, auf EU-Ebene, die eng mit offiziellen Vertretern aus Politik, Wirtschaft und Judikative zusammenarbeitet. Kein Thinktank, sondern eine richtige Behörde oder ein Gremium, bestehend aus diesen vier Fraktionen. Sie würden den Austausch untereinander sichern und könnten Gesetzesvorschläge formulieren, die sie dann im EU-Parlament einbringen. In Frankreich kam es 2018 bereits zu ersten Gesprächen zwischen

Facebook und der Regierung, die künftig ja intensiviert werden sollen.

Möglicherweise wäre es auch ratsam, so etwas wie eine Internet-Polizei zu installieren, die sich bewusst dem Hass und der Diskriminierung annimmt und in Notfällen einschaltet, um sofort handeln zu können. Dafür müsste eng mit den zuständigen Plattformen zusammengearbeitet werden, vor allem, wenn es um Fälle wie üble Nachrede, Verleumdung, Morddrohungen oder Ähnliches geht (wobei natürlich streng darauf zu achten wäre, die Privatsphäre der Betroffenen nicht zu verletzen). Ich bin ja dafür, dass man die Strafen für derartige Vergehen im Netz generell anhebt und dass man mit den zur Verfügung stehenden Rechtsmitteln sowie technologischen Möglichkeiten versucht, Hassposter noch konsequenter auszuforschen. Wobei aber unbedingt darauf zu achten ist, nicht alle Internet-User zu pauschalisieren und als potenzielle Kriminelle zu behandeln. Das wäre nämlich falsch.

Wir sollten irgendwann soweit sein, dass es völlig selbstverständlich ist, von allein aus Informationen an die Exekutive zu leiten, damit beschuldigte Personen oder Gruppen ausfindig gemacht werden können. Leider geschieht das noch viel zu selten. Man darf sich nicht alles gefallen lassen und hinunterschlucken. Auch ich war schon aktiv, wenn ich auf

Postings von Usern gestoßen war, die zwar nicht extrem, dennoch grenzwertig waren, und das vermehrt. Ich spreche von seltsamen, makabren Bildern oder Freundschaftsanfragen zwielichtiger Kontakte. Da sollte man aufpassen, denn es geschieht nicht selten, dass Zugänge gehackt und für Werbung missbraucht werden.

Ich denke, dass die Maßnahmen der Politik und der Wirtschaft schon etwas bringen, um zumindest einen Teil der Beleidigungen im Netz zu vereiteln. Wer aber unbedingt seinen Frust ablassen muss, wird diese Maßnahmen leider immer irgendwie umgehen und letztlich seinen Willen durchsetzen. Dass nicht alles gleich zu einhundert Prozent funktioniert, ist mir klar, irgendwo muss man jedoch einmal ansetzen – und das tun wir bereits. Wobei das Rezept ja eigentlich ganz einfach wäre: Freundlich lächeln und respektvoll sein.

# SCHLUSSWORT

Die rasend schnelle Entwicklung unserer Gesellschaft im digitalen Zeitalter bringt enorme Verän-
derungen mit sich – leider nicht nur gute. Diskriminierung im Internet ist von einem Randphänomen zu
einem alltäglichen Übel geworden. Bewegt man sich
in der Welt von YouTube, Facebook und Online-Foren, wird deutlich, dass ein rasches Umdenken im
gemeinsamen Miteinander nötig ist. Cybergewalt findet nämlich nicht nur fernab von Gesetz und Moral
statt, sondern direkt vor unseren Augen und betrifft
alle möglichen Bereiche des Lebens. Viele haben mit
Diskriminierung und Verleumdung zu kämpfen, unabhängig von Alter, Geschlecht, Kultur oder Beruf.
Deshalb dürfen sie ihren Hass und ihre Aggressionen
jedoch nicht an anderen auslassen, sondern müssen
lernen, ihr Temperament zu zügeln und ihre Energie
anderswo zu kanalisieren.

Zum Schluss möchte ich die Psychologin Sandra
Konrad zitieren, mit der ich vollkommen überein-
stimme, wenn sie meint:

*»Die Schuld liegt einzig und allein beim Täter, der die Grenzen des Opfers überschreitet und ohne dessen Einverständnis handelt.«*[49]

Ganz genau – nicht wir sollten uns schämen, sondern die Täter! Ich finde, das Internet ist ein bisschen wie das »Schlaue Buch« von Tick, Trick und Track aus Entenhausen. Nur leider noch nicht schlau genug, um uns den richtigen Umgang miteinander zu lehren. Wir Menschen lernen aus Beobachtungen, indem wir nachahmen und wiederholen. Was sollen jedoch die folgenden Generationen von uns lernen, wenn wir uns im Internet öffentlich dermaßen beflegeln? Reicht es nicht, dass wir den Planeten verschmutzen und systematisch zerstören? Müssen wir uns auch noch gegenseitig niedermachen und kleinhalten? Ich sage: Nein! Es gibt keine Rechtfertigung für Diskriminierung, NIEMALS!

49   Konrad, Sandra: Das beherrschte Geschlecht. Warum sie will was er will. Piper Verlag: München, 2018. S. 282

# LINKS
*Stand: August 2019*

**Antidiskriminierungsstelle Steiermark**
Erstanlauf-, Clearing-, Beratungs- und Monitoring-
stelle, die unter anderem für die Entwicklung der
App »BanHate« zum Melden von Hasspostings ver-
antwortlich ist.
www.antidiskriminierungsstelle.steiermark.at
www.banhate.com

**an.schläge – Das feministische Magazin**
Aktuelle politische, gesellschaftliche und kulturelle
Entwicklungen aus feministischer Perspektive.
www.anschlaege.at

**#aufstehn – Gesellschaft gemeinsam verändern**
Eine Gemeinschaft, die sich für ein positives Miteinander und soziale, wirtschaftliche sowie ökologische
Fairness einsetzt.
www.aufstehn.at

**Beratungsstelle gegen Hass im Netz (#GegenHass-imNetz)**
Unterstützung und Beratung für Opfer und Zeugen von Hasspostings, Cybermobbing sowie anderen Formen von verbaler und psychischer Gewalt im Internet.
www.oesterreich.gv.at/themen/bildung_und_neue_medien/internet_und_handy___sicher_durch_die_digitale_welt/3/3/Seite.1720230.html

**Bundesministerium für Bildung**
Projekte, Aktionen und Initiativen zum Thema »Cybermobbing: Gewalt und Mobbing mit neuen Medien«.
bildung.bmbwf.gv.at/schulen/pwi/pa/cybermobbing.html

**Bündnis gegen Cybermobbing e.V.**
Das Bündnis vereint Menschen, die persönlich von der Thematik betroffen sind, beruflich wie privat. Ziel ist es, gegen Cybermobbing und Gewalt im Netz vorzugehen und die Gesellschaft aufzuklären.
www.buendnis-gegen-cybermobbing.de

**CounterAct! – Aktiv gegen Hass und Hetze im Netz**
Bereitstellung von Informationen, Tools und Handlungsanleitungen, die helfen sollen, gegen Hass und Hetze im Internet aktiv zu werden.
counteract.or.at

**Cyber-Mobbing Erste-Hilfe App**
Betroffene erhalten Videoclips mit Tipps, um sich
gegen Cybermobbing zu wehren.
play.google.com/store/apps/details?id=de.teamdna.cyber-
mobbing

**Cybermobbinghilfe**
Ein allgemeiner Überblick mit Tipps und Ratschlä-
gen zu Problemerkennung, Gegenmaßnahmen etc.
www.cybermobbing-hilfe.de

**Digitale Gesellschaft**
Die Digitale Gesellschaft ist eine gemeinnützige Organisation, die sich seit 2011 für Grund-, Menschen-
sowie Konsumentenrechte im Internet einsetzt.
www.digitale-gesellschaft.ch

**Fairsprechen – Hass im Netz begegnen**
Ein Informationspool zu Formen und Wirkung von
Hass im Netz inklusive Gegenstrategien.
www.fairsprechen.net

**#Fridaysforfuture, #Climatestrike**
Greta Thunberg setzt sich für Umwelt, Nachhaltigkeit und Klimaaktivismus ein.
www.fridaysforfuture.org

**Hass im Netz**
Ein Angebot des Bereichs politischer Extremismus bei jugendschutz.net, das von der Deutschen Bundeszentrale für politische Bildung gefördert wird. Auf dieser Plattform können Internet-User extremistische Inhalte melden.
www.hass-im-netz.info

**Hassmelden**
Eine Meldeplattform für Hasskommentare, rassistische Übergriffe, Beleidigungen oder Drohungen.
hassmelden.de

**HateAid**
Eine Ratgeber-Plattform für Opfer von Hass im Internet:
hateaid.org

**Ibiza-Buch**
Bastian Obermayer und Frederik Obermaier: »Die Ibiza-Affäre. Innenansichten eines Skandals«
www.kiwi-verlag.de/buch/die-ibiza-affaere/978-3-462-05407-1

**Ingrid Brodnig**
Eine Autorin und Journalistin, die sich mit den Auswirkungen der Digitalisierung auf unsere Gesellschaft beschäftigt. 2016 veröffentlichte sie das Buch
»Hass im Netz«.
www.brodnig.org

**JUUUPORT**
Online-Beratung von Jugendlichen für Jugendliche –
Hilfe bei Cybermobbing, WhatsApp-Stress & Co.
www.juuuport.de

**Klicksafe**
Eine EU-Initiative für mehr Sicherheit im Netz zur
Förderung der Medienkompetenz im Umgang mit
dem Internet.
www.klicksafe.de

**LOVE-Storm – Hass im Netz stoppen**
Kostenloses Onlinetraining, um mit Cyber-Hass umgehen zu lernen, Hasskommentare konsequent zu
melden und bei Bedarf Hilfe zu finden.
love-storm.de

**Make-IT-safe 2.0**

Ein Peer-Projekt von ECPAT zur Gesundheitsförderung und Gewaltprävention in den digitalen Medien.

www.makeitsafe.at

**Malala Yousafzai**

Die Aktivistin setzt sich dafür ein, Frauen weltweit Zugang zu Bildung zu ermöglichen.

www.malala.org

**Medienhelden Österreich**

Programm zur Prävention von Cybermobbing und Förderung von Medienkompetenzen im Schulkontext.

www.medienhelden.at

**#Netzcourage**

Gemeinnütziger Verein, der sich gegen Hassrede, Diskriminierung und Rassismus im Internet stellt.

www.netzcourage.ch

**No-hate-speech-movement**

Die Initiative des Europarates wurde 2013 ins Leben gerufen. Sie geht gegen Hassrede im Netz vor und setzt sich für ein respektvolles Miteinander ein.

www.nohatespeech.at

## Onlinesicherheit
Ein staatliches Internetportal rund um die Sicherheit von Informations- und Kommunikationstechnologien.

www.onlinesicherheit.gv.at

## Pinkstinks Germany
Eine Protest- und Bildungsorganisation gegen Sexismus und Homophobie im Netz.

pinkstinks.de

## Reconquista Internet
Eine digitale Bürgerrechtsbewegung für »Liebe und Vernunft im Internet und eine Zivilisierung des gesellschaftlichen Diskurses in den sozialen Netzwerken«. Ins Leben gerufen wurde sie vom deutschen Satiriker Jan Böhmermann in der Sendung »Neo Magazin Royale«, wobei ihr Ziel die Bekämpfung von Hate Speech ist.

twitter.com/reconquistanetz

## Safer Internet
Eine Initiative für einen sicheren, kompetenten und verantwortungsvollen Umgang mit digitalen Medien.

www.saferinternet.at

### #Solidaritystorm – Allianz für Zivilcourage im Netz

Eine Allianz für Online-Zivilcourage mit guten Hilfestellungen, Tipps und Tricks gegen Hasspostings.

solidaritystorm.at

### Stop Mobbing

Eine Seite zur Mobbingprävention speziell für Schüler und Jugendliche.

www.stop-mobbing.at

### Werbewatchgroup Wien

Eine Gruppe, die aktiv gegen sexistische Werbung im Internet vorgeht.

www.werbewatchgroup-wien.at

### Youngdata

Ein Jugendportal mit allerlei nützlichen Informationen zur digitalen Selbstverteidigung.

www.youngdata.de

### ZARA – Zivilcourage & Anti-Rassismus-Arbeit

Persönliche und rechtliche Beratung in Sachen Rassismus, Hass und Hetze im Internet.

zara.or.at

# DANK

An dieser Stelle möchte ich mich bei all jenen bedanken, die in den letzten dreizehn Jahren zu mir standen und mich aufbauten. Ihnen verdanke ich, dass ich nie aufgegeben habe oder mich von meiner Meinung abbringen ließ. Partei zu ergreifen für jemanden, der in der Öffentlichkeit zerrissen wird, weil man den Leuten einfach »unsympathisch« ist, zeugt von Zivilcourage. Ich danke überdies meiner Familie, meinen Freunden und Bekannten sowie natürlich Daniel und Niki vom Dachbuch Verlag — und allen anderen, die mir dabei geholfen haben, dass dieses Buch entstehen konnte.

Dankeschön!